高职教育 与 区域经济协同发展

林凤丽　刘天浩　范群鹏　邸振龙◎著

COORDINATED DEVELOPMENT BETWEEN
HIGHER VOCATIONAL EDUCATION AND
REGIONAL ECONOMY

吉林师范大学学术著作出版基金资助

经济管理出版社
ECONOMY & MANAGEMENT PUBLISHING HOUSE

图书在版编目（CIP）数据

高职教育与区域经济协同发展/林凤丽等著．—北京：经济管理出版社，2023.9
ISBN 978-7-5096-9246-2

Ⅰ．①高…　Ⅱ．①林…　Ⅲ．①高等职业教育—关系—区域经济发展—协调发展—
研究—中国　Ⅳ．①F127 ②G718.5

中国国家版本馆 CIP 数据核字（2023）第 182104 号

组稿编辑：王光艳
责任编辑：王光艳
责任印制：黄章平
责任校对：徐业霞

出版发行：经济管理出版社
　　　　　（北京市海淀区北蜂窝 8 号中雅大厦 A 座 11 层　100038）
网　　址：www. E-mp. com. cn
电　　话：（010）51915602
印　　刷：北京市海淀区唐家岭福利印刷厂
经　　销：新华书店
开　　本：720mm×1000mm/16
印　　张：14
字　　数：244 千字
版　　次：2023 年 10 月第 1 版　　2023 年 10 月第 1 次印刷
书　　号：ISBN 978-7-5096-9246-2
定　　价：68.00 元

前　言

随着中国经济发展方式转型的逐渐深入，"十四五"规划和2035年远景目标纲要强调"坚持创新在我国现代化建设全局中的核心地位，把科技自立自强作为国家发展的战略支撑，面向世界科技前沿、面向经济主战场、面向国家重大需求、面向人民生命健康，深入实施科教兴国战略、人才强国战略、创新驱动发展战略，完善国家创新体系，加快建设科技强国"。我国正在将创新作为经济发展的根本动力。创新的主体是各种创新型人才。在创新过程中，高职教育在新产品制造人才培养方面负有重要责任。

实施和完成制造强国战略，需要培养大批世界一流的产业工人，而在我国目前的产业工人中，有相当一部分是没有接受过高等教育的农民工；在现有技术工人中，由于培养方式等原因，有些技术工人掌握的技能并不能满足智能化制造的需要。加快发展高职教育的步伐，是培养高素质技术技能人才最基础且高效的途径，是建设教育强国、推动高质量发展的必然要求。习近平总书记在党的二十大报告中对以中国式现代化全面推进中华民族伟大复兴作出一系列重大部署，报告从"实施科教兴国战略，强化现代化建设人才支撑"的高度，鲜明而具体地部署了"统筹职业教育、高等教育、继续教育协同创新，推进职普融通、产教融合、科教融汇，优化职业教育类型定位"，这是对未来高职教育发展的重要指引。

同时，随着中国进入老龄社会，适龄劳动力逐渐减少，对人口素质提出的要求越来越高。在这种背景下，研究高职教育与区域经济协同发展，揭示高职教育与区域经济协同进化规律，对实现中国经济发展方式转型、应对老龄化社会问题，具有重要意义。本书以高职教育与区域经济的协同发展为落脚点，综合管理学、生物学、统计学、系统学等多个学科领域的相关知识，以协同发展、协同进化机制等基础理论为指导，通过专家深度访谈和调研结果，分析高职教育与区域经济之间的关系，构建出高职教育与区域经济协同发展模型，为研究高职教育与区域经济协同发展的进化机制提出理论框架。研究结果表明，高职教育与区域经济协同发展的进化机制是决定高职教育与区域经济协同发展方向和结果的重要规则，该规则从提取高职教育与区域经济协同发展基因开始，经过优化选择、促进变异、实现增长等几个阶段对高职教育与区域经济的协同发展发生作用。在高职教育与区域经济协同发展过程中，通过优化进化机制促进高职教育与区域经济协同发展，需要在区域文化、企业领导、企业文化、院校领导等方面优先采取措施。为进一步说明如何应用高职教育与区域经济协同进化原理，以吉林省为例，说明高职教育与区域经济协同发展的进化机制优化过程，提出促进高职教育与区域经济协同发展的对策，提出如何通过完善进化机制实现高职教育与区域经济协同发展的建议。

在本书写作过程中，借鉴了国内外诸多学者的观点与思想，参考了很多著述，对相关论著的作者及专家表示深深的谢意。感谢接受本书调研的院校、企事业单位以及接受访谈的所有受访者，他们为本书提供了有益的启发和宝贵的第一手资料，在此表示最诚挚的谢意。

由于笔者的研究水平有限，书中难免有需完善和调整之处，真诚希望广大读者能够多提宝贵意见和建议，以便在日后的研究中更好地改进。

林凤丽

2023 年 8 月

目　　录

第一章
绪　论

一、研究背景

随着我国经济进入高质量发展阶段，创新驱动发展、制造强国战略、人口结构变化越来越成为拉动我国高职教育与区域经济协同发展的重要因素，研究高职教育与区域经济协同发展的进化机制，需要明确上述因素对我国高职人才的高标准要求。

（一）创新驱动发展需要优秀的新产品制造人才

自 2008 年国际经济危机发生以来，中国传统经济发展方式面临严重挑战，而面对挑战，以投资为主的传统生产方式已经难以为继。2012 年，为应对经济危机，加快经济发展方式转变，党中央、国务院及时提出实施创新驱动发展战略，要求把科技创新摆在国家发展全局的核心位置，提高原始创新、集成创新、引进消化吸收再创新等自主创新能力，深化科技体制改革，推动科技与经济紧密结合，加快构建以企业为主体、市场为导向、产学研相结合的技术创新体系。2015 年 11 月，《中共中央关于制定国民经济和社会发展第十三个五年规划的建议》继续强调创新发展，要求培育发展新动力，拓展发展空间，深入实施创新驱动发展战略。2015 年，国务院连续颁发 9 个文件部署创新创业事宜。种种迹象表明，国家正在将创新变成驱动中国经济发展的根本动力。

创新的主体是各种创新型人才。在创新过程中，从新产品营销到新产品研发，再到新产品生产，三个环节的人才都是创新型人才，他们是我国实施创新驱动发展战略的核心战略资源，是决定中国创新驱动发展战略的关键因素。目前，中国高等教育包括普通高等教育和高等职业教育两部分，在营销人才、研发人才、制造人才培养过程中，普通高等教育和高等职业教育各有分工。其中，高等职业教育在新产品制造人才培养方面负有重要责任。

（二）制造强国战略需要一流的产业工人

2010 年，中国制造业增加值以 23742 亿美元超过美国的 22063 亿美元，成为世界制造大国。但是，同美国、日本、德国、韩国等世界制造强国相比，中国还不是制造强国。自 18 世纪工业文明以来，世界强国兴衰和中国奋斗经历表明，制造业是国民经济的主体，是立国之本、兴国之器、强国之基。没有强大的制造业，就没有国家和民族的强盛。为打造具有国际竞争力的制造业，"十四五"规划和 2035 年远景目标纲要提出"坚持把发展经济着力点放在实体经济上，加快推进制造强国、质量强国建设，促进先进制造业和现代服务业深度融合"。

打造世界一流的制造业，需要培养世界一流的产业工人。目前，在中国制造业的技术工人中，有一部分是经过高职教育培养出来的，但大部分制造业工人没有受过高等职业教育，其以农民工为主。就现有高职院校培养出的技术工人而言，由于体制原因，他们掌握的技能很难满足智能化制造的需要。所以，打造世界一流的制造业，需要打造世界一流的高等职业教育，才能培养出世界一流的产业工人。

（三）人口结构变化需要职业人口素质不断提高

根据国家统计局统计，截至 2014 年，中国 60 岁以上人口已经占总人口的 15.5%。根据世界老龄化社会标准，60 岁以上人口达到总人口的 10%，该地区即进入老龄化社会。中国从 2002 年就已经进入老龄化社会，而且老龄化的速度还在进一步加快。在老龄化进程方面，美国、英国、法国的老龄化进程分别用了 60 年、80 年、115 年，而中国老龄化只用了 18 年（1981~1999 年）。在富裕程度方面，英国、法国、德国、日本等国家进入老龄化社会时人均 GNP 高达 1 万~3 万美元；而中国进入老龄化社会时，人均 GNP 只有 980 美元。老龄化进程过快和未富先老已经成为制约中国经济发展的一个重要因素。

老龄化进程加快，老年人占比增加，意味着适龄劳动力在减少。在适龄劳动力逐渐减少的情况下，要大力发展制造业，并实现创新驱动发展，只有不断提高人口素质。在提高人口素质方面，普通高等教育和高等职业教育各有分工，普通高等教育在培养研究型人才方面负有重要责任，高等职业教育在培养技能型人才方面负有重要责任。

实现创新驱动发展，需要培养创新型制造人才。实施制造强国战略，需要培养创新型制造人才，而人口结构变化造成的适龄劳动力逐渐减少，对人口素质提出的要求越来越高。在这种背景下，研究高职教育与区域经济协同发展，揭示高职教育与区域经济协同发展的进化规律，对应对中国老龄化社会问题、实现经济发展方式转型、实施制造强国战略，均具有重要意义。

二、概念界定

（一）高等职业教育

关于高等职业教育（简称"高职教育"）内涵，国内外有多种观点。综合起来，主要从人才类型、教育层次、教育类型，以及高等教育与高等职业教育的关系等方面理解。

1. 从人才类型方面理解

根据知识和能力结构，人才分为理论型人才、工程型人才、技术型人才、技能型人才。高等职业教育是以培养技术型人才和技能型人才为主的教育（杨金土等，1999）。这种定义揭示了高等职业教育的基本任务，明确了高等职业教育的培养目标，是高等职业教育诸多定义中最为普遍的一种定义，如联合国教科文组织在《国际教育标准分类》中认为，高等职业教育是课程内容面向实际，让学生获得从事某个职业所需的实际技能和知识的教育（匡英，2006）。

2. 从教育层次方面理解

从教育层次方面理解，高职教育包括学历教育和非学历教育。高职教育的学历层次包括大专、本科、研究生三个层次。目前，中国高职教育的层次主要是大专层次，属于国际教育标准分类中的第五层次教育，是高等教育的组成部分。非学历教育主要是从事职业资格证书和技术培训的教育。

3. 从教育类型方面理解

从教育类型方面定义高等职业教育，可将其分成高、中、低三个层次，把高等职业教育看成一个独立系统，为高等职业技术人才成长指明了发展方向。

4. 高等教育与高职教育的关系

高等教育是在完成高级中等教育基础上实施的教育，主要包括普通高等教育和高等职业教育两种。高等职业教育作为高等教育的一个类型，以向生产、建设、服务、管理一线培养高级技能型人才为使命。高等职业教育包括就业前的职业技能教育和就业后的继续教育。

综上所述，高等职业教育是以培养技术型人才和技能型人才为使命，以培养实用型人才为目标，以实践为主要培养方式的教育。高等职业教育贯穿技术工人的整个职业生涯，在时间上包括就业前的职业技能教育和就业后的继续教育，在层次上包括专科职业教育、本科职业教育、研究生职业教育。

（二）区域经济

区域经济是本书中的另一个重要概念。关于区域经济的认识，有广义和狭义之分。广义与狭义的主要区分在于对区域经济所限定的地域范围的大小。从广义上看，区域经济所限定的地域范围较大，有地区经济的含义，即可以用来表示国家或者某个地域之内的经济活动，甚至可以将地域扩大到国际经济研究中的一个国家的经济，乃至多个国家组成的经济圈、经济共同体。

从狭义上看，区域经济限定的地域范围则更小。通常是指一个国家内大小不等的地区经济。因此，在本书中，将区域经济限定为狭义的区域经济，特指某一特定区域内的社会经济活动以及各种经济要素相互关系的总和，是一种基于省级地域的地域性经济体系。就本书的具体地域范围而言，主要限定到一个省的区域范围内。本书所指的区域经济，特指省域范围内的区域经济。所有反映经济状况的统计指标，都是从一个省份地域的角度基于其经济发展现状选取的。

（三）协同发展

协同发展是基于协同学原理产生的一种发展理论。目前，国内外关于协同发展的内涵，主要从共生、系统论、和谐等角度来理解。

1. 从共生角度理解协同发展

生物界存在着环环相扣的食物链，食物链上下游的生物之间存在着相互依存、相互支撑的共生关系（邹筱、张世良，2012；Francois，1990）。协同发展是指处于同一食物链上的生命体基于共生关系，相互依存、彼此互利地生存在一起，共同成长。从共生角度理解协同发展，将人类社会中高职院校、企业等组织看作生命体，将它们之间的发展关系看作共生关系，符合生物发展的自然规律。

2. 从系统论角度理解协同发展

从系统论角度理解协同发展，认为协同发展系统是一个自组织系统、开放系统、复杂系统、灰色系统、非线性系统（王维国，2000），其目标是实现参与者的可持续发展和科学发展，坚持以人为本、代际协同、空间协同（熊德平，2009）。从系统论角度理解协同发展，将整个自然界和人类社会看作一个系统，强调系统参与者之间的关系。

3. 从和谐角度理解协同发展

该观点认为，协同发展是指两个或两个以上的个体，相互协作完成某一目标，达到共同发展的共赢效果。协同发展的核心是和谐，协同发展不是一种物种的胜利凌驾于另一种物种的灭亡，而是一种物种与另一种物种共同存在、共同进步、不断融合。协同发展主要表现在多样性、竞争公平性、共同发展等方面（赵培培，2015）。从和谐角度理解协同发展，揭示了协同发展的本质，和谐是协同发展区别于其他发展方式的本质特征。

通过国内外学者对协同发展的不同理解可以看出，协同发展是基于协同学、系统论、自组织理论产生的一种发展观，是为了实现系统的可持续发展，系统要素之间相互作用、相互协作、公平竞争、共赢互利而形成的共生系统，具有特定规律的成长方式。高职教育与区域经济协同发展，是指高职院校、区域企业等为了实现高职教育与区域经济系统的可持续发展，而形成的相互作用、相互协作、公平竞争、共赢互利的关系。

（四）进化机制

明确进化机制内涵，首先需要明确"进化"（Evolution）与"机制"（Mechanism）的内涵。英文中的"Evolution"起源于拉丁文的"Evolvere"，原意指事物的生长、变化或发展，19世纪以后被用来指生物学上不同世代之间外表特征与基因频率的改变。机制原指机器的构造和工作原理，后来被用来指生物机体结构组成部分的相互关系，以及其间发生的各种变化过程的物理、化学性质和相互关系，现已被广泛应用于自然现象和社会现象，指其内部组织和运行变化的规律。达尔文用科学方法证实了进化中的自然选择机制，孟德尔用实验方法明确了遗传和变异机制，现在所指的进化机制源于上述两种知识的组合，即进化机制主要包括自然选择机制、遗传和变异机制。

自进化机制概念形成以来，国内外学者在定义各种进化机制时，一直强调进化机制中的协同作用。将目标空间中的群体划分为若干个子群体，所有子群体在独立进化的同时，子群体之间基于信息迁移与知识共享，共同进化（Shah and Sukumar，2010；李惠、花保祯，2011；赵振宇、姚佳慧，2014；翟云等，2011）。

总之，进化机制是指事物生长、变化或发展过程中，其组织结构内部或相互之间发生作用的内在规律。高职教育与区域经济协同发展的进化机制是指高职教育与区域经济在协同发展过程中，高职院校、企业、政府等参与者内部或相互之间发生作用的内在规律。根据生物进化规律，高职教育与区域经济协同发展的进化机制是指在高职教育与区域经济协同作用过程中，高职院校与区域经济内容或相互之间发生作用的内在规律。高职教育与区域经济协同发展的进化机制主要包括基因机制、搜选机制、创新机制、增长机制等。基因机制是指高职教育与区域经济中具有遗传功能，起决定作用，通过决定高职教育与区域经济的核心特性，影响甚至改变高职教育与区域经济发展的要素组合。搜选机制是指在高职教育与区域经济协同作用过程中，高职院校与区域企业相互选择合作伙伴的规则。创新机制是指在高职院校与区域企业相互作用过程中产生的与以前相比的性状差异，这种差异能够促进高职教育与区域经济协同快速发展。增长机制是指高职院校与区域企业通过协同作用而产生的超过以前水平的规则。

三、理论基础

（一）高等职业教育发展理论

高等职业教育发展理论主要包括高等职业教育发展模式理论、高等职业教育发展动因理论、高等职业教育发展趋势理论等。各种高等职业教育发展理论主要是从以下不同视角对高等职业教育发展进行论述的。

1. 高等职业教育发展模式理论

高等职业教育发展模式是指高等职业人才培养的形式、结构、途径。高等职业教育发展模式探讨的是高等职业教育发展过程中高等职业院校、政府、市场等各种要素的最佳组合和构成。自高等职业教育产生以来，世界各个国家和地区结合本国、本地区特点，一直在探索适合自己的高等职业教育发展模式。

在高等职业教育产生较早的美国、德国、澳大利亚等国家，高等职业教育分别产生过社区学院、教学工厂、双元制等不同模式。各个国家高等职业教育发展的模式不同，其实施机构、运行机制、教育体系、培养模式也不同。在实施机构方面，美国高等职业教育的实施机构主要是社区学院，德国高等职业教育的实施机构是高等专科学校或校企合作联办的双元制职业学院，澳大利亚高等职业教育的实施机构经历了从高等教育学院到技术与继续教育的变迁。在运行机制方面，美国高等职业教育依据自由发展和自由竞争的原则，建立起一个市场主导与政府辅助相结合的教育体系；德国高等职业教育依靠政府与市场合作运行，政府履行监督职能，行会、企业参与办学；澳大利亚鼓励高等职业院校更多满足社会需求，引入竞争机制，关注效率、效益和成本，通过用户选择教学方式吸引生源，通过市场化机制筹集教育资金。在教育体系方面，美国高等职业教育没有单列的一贯到底的体系，主要依靠短期高等教育的社区学院提供高等职业教育机会；德国的高等职业教育体系在横向上与普通高等教育体系并轨进行，在纵向上包括初等、中等、高等教育层次；澳大利亚的高等职业教育从专科、本科到研究生，形成与普通高等教育并行的高等职业教育体系。在培养方式方面，美国高等职业教育向学生提供有用教育，使学术、职业、技术教育在同一个教育机构中得到融合；德国高等职业教育基于高校与企业合作的双元制模式，学校负责理论课程教学，企业负责实施课程培训；澳大利亚高等职业教育向学生提供多样化的教育方式。

我国的高等职业教育产生于 20 世纪 80 年代。自我国高等职业教育产生以来，其发展模式经历了经济导向与依附期（1978~1992 年）、市场导向与超常规扩大期（1993~2003 年）、民生导向与精耕细作期（2004 年至今）（王秀丽，2011）。在我国高等职业教育发展模式变迁过程中，高等职业院校、政府与市场的关系逐渐由政府主导、高职院校本位向政府监督、高职院校与企业合作转变。由于绝大多数的高等职业院校是政府主办的，以致长期形成高职院校与政府合二为一的局面，政府在高职教育的学生招生、课程设置、教师配置等方面严重替代高职院校，企业在高职教育中严重缺位。高职教育需要关注到自身依旧面临着正式制度与非正式制度方面的诸多发展困境（张立平，2020）。企业长期被排除在高等职业教育体系之外，缺乏参与高等职业教育的热情和动力。高等职业院校封闭办学，与产业界互动不足，培养出的高职毕业生供非所需。我国高等职业教育发展模式的转型缺乏外在动力，转型速度太慢，已经无法满足区域经济快速发展的需要。

2. 高等职业教育发展动因理论

世界各国高等职业教育发展的实践表明，高等职业教育发展的动因既有内部因素，也有外部因素。其中，以企业为主体的市场人才需求是高等职业教育发展的根本动因。

经济社会发展是高等职业教育发展的重要外部动因。我国高等职业教育在中华人民共和国成立之后 30 多年才出现，说明随着经济的发展，产品中内嵌的技术含量越来越高，产品制造过程的自动化程度越来越高，中华人民共和国成立初期形成的一般劳动者素质难以满足经济发展对职业劳动者的需求。只有培养专门的高等职业人才，才能满足现代经济对职业劳动者的需求，才能通过高等职业教育促进经济发展。同时，随着社会物质文明和精神文明的不断发展，社会对人才的需求呈现多样化、专业化趋势，社会发展促进高等职业教育快速发展，以适应社会生产力水平的提高和经济结构的变化调整。

高等职业院校是高等职业教育发展的重要内部动因。经过半个多世纪的发展，我国的高等职业教育在历经探索期、外延快速发展期之后，逐渐进入内涵提升阶段。高等职业院校通过专业设置、市场定位、师资安排、产权所有等方面的不断创新，从高职院校内部寻求高职教育发展的动力，逐渐向世界高职教育强国如美国、德国、日本、澳大利亚等学习，寻求成功经验。另外，高职学生是促进高等职业教育发展的另一个重要内部动因。随着我国经济社会的发展，我国高等教育逐渐由精英教育过渡为大众教育。作为高等教育重要组成部分的高等职业教育，与普通高等教育一样，通过扩大招生，肩负起我国高等教育大众化的责任。高等职业教育大众化不仅解决了一大批学生接受高等教育的迫切需求，而且也满足了各行各业飞速发展对职业教育人才的需求。

3. 高等职业教育发展趋势理论

《国家中长期教育改革和发展规划纲要（2010—2020 年）》（简称《纲要》）指出，到 2020 年，形成适应经济发展方式转变和产业结构调整要求，体现终身教育理念，中等和高等职业教育协调发展的现代职业教育体系。

《纲要》还指出了我国高等职业教育发展的目标。为了实现我国高等职业教育发展目标，需要在高职教育定位、培养模式、教学模式、未来走向（张向平、柳士彬，2022）等方面科学把握高等职业教育发展趋势。

把握经济社会发展"新常态"，走创新型优质化办学之路（周锦年，2021）。目前，国家对现代高等职业教育的定位，正在将高等职业教育由末流高等教育提升到与普通高等教育同等重要的地位。截至2014年，我国高等职业院校已经达到1321所，在校生共974万人，已经达到高等教育规模的39.45%。高等职业教育规模的飞速发展，要求高等职业教育必须逐渐实行普通高等教育那种专科、本科、研究生不同层级的办学模式，高等职业教育与普通高等教育双轨运行，共同服务经济社会发展。

紧扣工业4.0时代，创新人才培养方式，实施制造强国战略，需要大量世界一流的"大国工匠"，"大国工匠"的培养方式不同于传统人才的培养方式。现代高等职业教育正逐渐由原来的强调学生分数、单纯教授实用技能、就业率等外化标准向注重学生长远发展的内涵标准转变。现代高等职业教育人才培养需要打破专业界限，实现跨学科、跨专业的复合型培养模式。

服务"一带一路"倡议，提高学生培养水平。国家实施"一带一路"倡议，将大大拓展高等职业毕业生的工作范围。传统高等职业教育多由地方政府主办，以服务地方经济为主，形成条块分割的地方割据局势。现代高等职业教育不再停留在为地方培养专门人才，正在摆脱地域发展和行业发展限制，着重为领先行业、领先企业培养人才，且建设国际先进职业教育体系。

适应"互联网+"时代新需求，夯实人才培养基础。以互联网为代表的现代信息技术，是人类历史上一次重要的信息产业技术革命。随着现代信息技术的飞速发展，互联网等现代信息技术已经成为一种工具，逐渐渗透各个行业，变革各个行业。国家提出的"互联网+"实质上是一种新的经济模式，正在对传统生产方式产生重大变革。李宁（2022）指出高职院校应用信息化技术，要重视并且强化信息化建设，做好信息化教学的管理工作，注重激发学生的信息化学习意识，是现代高职教育的一项神圣使命。

（二）区域经济发展理论

区域经济发展与区域经济增长密不可分，但与区域经济增长又有本质的区别。区域经济发展是建立在区域经济增长基础之上的区域产业机构和空间结构的高度化演进，是在区域经济增长量扩张的基础上实现的质的飞跃。区域经济发展理论主要包括区域经济发展阶段理论、区域经济发展动力理论、区域经济发展方向理论等。

1. 区域经济发展阶段理论

区域经济发展阶段理论是关于区域经济发展历史时期划分的理论。由于划分标准不同，国内外学者对区域经济发展阶段的划分方法有多种。根据划分阶段数量，对区域经济发展阶段的划分主要有三阶段论、四阶段论、五阶段论等观点。

国内外坚持三阶段论的学者把区域经济发展划分为三个阶段。德国旧历史学家希尔德布兰德根据物质资料交换的机能形成不同，将区域经济发展划分为自然经济、货币经济、信用经济三个阶段。美国社会学家贝尔根据人与自然界相互竞争关系，将区域经济发展划分为前工业化社会、工业化社会、后工业化社会三个阶段。马克思根据社会生产方式，将区域经济发展划分为手工生产、简单机器生产、机械化大工业生产三个阶段。罗斯托根据世界经济起飞过程，将区域经济发展划分为传统社会阶段、起飞阶段、高额消费阶段等。

国内外坚持四阶段论的学者把区域经济发展划分为四个阶段。德国历史学家施穆勒根据国民统一程度，将区域经济发展划分为村落经济、都市经济、地域经济、国民经济四个阶段。美国制度经济学家凡勃伦根据进化程度，将区域经济发展划分为蒙昧阶段、野蛮阶段、手工业阶段、机器阶段等。

国内外坚持五阶段论的学者把区域经济发展划分为五个阶段。德国经济学家弗里德里希·李斯特根据生产部门发展状况，将区域经济发展划分为原始未开化阶段、畜牧业阶段、农业阶段、农业和制造业阶段、农工商阶段。马克思根据社会经济形态演进，将区域经济发展划分为原始社会、奴隶社会、封建社会、资本主义社会、共产主义社会五个阶段。在《区域经济增长研究》中，美国著名经济学家胡佛和费雪根据产业结构和制度背景，将区域经济发展划分为自给自足阶段、乡村工业发展阶段、农业生产结构变迁阶段、工业化阶段、服务输出阶段。苏联地理学家、经济学家尼古拉·科洛索夫斯基根据资源开发程度、专业化水平、综合发展程度，将区域经济发展划分为后备地区、经济初步发展地区、经济发展地区、经济发达地区等。

2. 区域经济发展动力理论

区域经济发展的动力主要来自区域内部和区域外部。区域经济是一个复杂系统，其发展模式和动力机制具有动态变化特征。区域经济发展动力理论主要分为区域经济发展的内部动力理论和区域经济发展的外部动力理论两种。

区域经济发展的内部动力主要包括供给因素、需求因素、区域空间结构因素等。区域经济发展的供给因素主要包括劳动力、资本、技术等，供给因素是衡量区域经济发展潜力的重要指标，一般用生产函数来表示，里昂惕夫、柯布—道格拉斯等用不同供给要素表示生产函数，解释区域经济发展的内部动力。需求因素包括消费和投资两个方面，区域需求对区域经济发展具有乘数效应，消费和投资的增加往往会导致区域经济成倍数增加。区域空间结构能够使区域经济活动在空间上呈有效率的分布，形成集聚经济。在供给要素之间的相互作用方面，企业与高校协同进化既是区域技术创新和财富创新的重要动力，也是区域经济发展的重要动力。

区域经济发展的外部动力主要包括劳动力迁移、资本流动、技术知识传播等。在劳动力迁移方面，劳动力一般从收入较低的区域流向收入较高的区域。在资本流动方面，资本一般从资本收益率较低的区域流向资本收益率较高的区域。在技术知识传播方面，技术知识一般从技术知识水平较高的区域向技术知识水平较低的区域传播。

3. 区域经济发展方向理论

国内外区域经济发展方向理论主要有两种观点：一种观点认为区域经济向均衡方向发展，另一种观点认为区域经济向非均衡方向发展。两种观点对区域经济发展的方向主张不同，配置资源的重点也不同。

在区域经济均衡发展方面，罗森斯坦·罗丹的大推动理论认为，应该对国民经济的各个部门同时进行大规模投资，促进这些部门平均发展，进而推动整个区域经济的全面发展。罗格纳·纳克斯（1966）认为，不发达国家和地区存在供给不足与需求不足两个恶性循环，实施平衡发展是解决不发达国家和地区区域经济发展问题的关键。

在区域经济非均衡发展方面，弗朗索瓦·佩鲁（1950）认为，在区域经济发展过程中，一些区域聚集主导或创新能力较强的部门，形成区域增长极，会对临近区域产生强大辐射作用，可以带动临近区域共同发展。缪尔达尔（1957）认为，生产要素在发达区域与非发达区域之间存在扩散效应和回流效应，经济发达区域优先发展既会对落后区域产生有利作用，也会对落后区域产生不利影响。劳尔·普雷维什（1949）认为，发达区域与落后区域之间存在中心—外围不平等体系及其发展模式，区域经济发展起源于少数核心地区，并由这些核心地区向外围扩散。汤普森的区域经济梯度转移理论认为，区域工业区的建立和发展像一个生命有机体一样，按照一定的变化次序发展。

（三）协同进化机制理论

协同进化机制理论是在协同学与生物进化理论基础上形成的一种反映生命体共同进化规则的理论。以查理·达尔文为代表的生物进化理论认为，各种物种是自然选择的结果，在生物进化过程中，基因、选择、变异、增长等是构成生物进化机制的重要内容。

基因机制是生物进化的基础机制。生物的遗传和变异都是因为生物基因的不同组合产生的。摩尔根（2007）认为，生物个体上的各种状况都起源于生殖质内成对的基因，基因相互联合，组成一定数目的连锁群。当生殖细胞成熟时，每一对的两个基因彼此分离，不同连锁群内的基因自由组合。当两个相对连锁群的基因之间发生有秩序的自由交换时，连锁群内各种要素形成直线排列，具有规则的相对位置。在基因组合过程中，基因在一定时期内具有相对的稳定性，同一染色体上的基因一般能一起遗传给后代。同时，在基因组合过程中，基因在特殊时会发生不连续的变化，这种不连续的变化既可能增加一种新的基因，也可能使原有的基因失去活动，从而产生一个退化的变种。

选择机制是生物通过对基因要素的选择实现进化。在生物进化过程中，存在自然选择和人工选择两种情况。自然选择是生物进化的主要机制，也是生物进化的主要动力。自然选择可以作用到生物的每一个内部器官、每一体质的细微差异，甚至整个生命机制。自然选择的目的是保证生物的利益最大化。人为选择多是就生物外表和可见的性状加以选择，人为选择的目的是实现人类自身利益的最大化。

变异机制是基因要素发生突变的结果。由于资源的稀缺性以及其他原因，在生物进化过程中，充满着生存斗争。生物为了维持自身生存与稳定发展，既要与其他相关生物进行竞争，还要与周围环境进行竞争。激烈的、超过限度的竞争会催生变异，变异是生物进化最基本的来源，变异主要表现为基因突变和染色体突变。基因突变主要是通过遗传密码的变化和改变实现的，主要包括基因结构的突变和调控基因的突变。染色体突变主要是通过染色体结构的变化和染色体数目的变化实现的。

增长机制是人类向往的生物进化方向。生物进化过程非常复杂。整个生物进化史就是一部不断新生、不断灭绝的历史。在基因机制、选择机制、变异机制、增长机制等生物进化机制的作用下，生物进化过程会发生生物量的增加、物种形成和种类的增加、纵的上升和横的发展、退化、稳定、代替、灭绝等现象。其中，生物生命的连续性主要是通过生殖作用、种群、进化实现的，生物生命的灭绝主要是因为环境变化了，生物种群没有足够的变异来对付环境的变化。自从地球上的细胞起源到现在，增长、发展一直是人类长期追求的生物进化方向。

协同进化模仿自然界生态系统中物种间的进化机制，借鉴种群协同原理，实现种群间的自动调节和自动适应(翟云等,2011)。种群之间之所以协同进化，是因为自然界中的资源有限，各种物种只有通过竞争与合作，才能获取满足自己生存和发展所需的资源。在竞争与合作过程中，各种物种不断进化和改变，并影响彼此的进化过程。种群在协同进化过程中所遵循的规则就是协同进化机制，是相关种群经过长期进化过程自然形成的。协同进化机制既是解释种群协同进化规律的理论基础，也是优化种群协同进化进程的重要理论依据。

协同进化机制理论最先起源于生物学，用于解释生物协同进化的规律。随着协同进化理论的发展，协同进化机制理论近年来被广泛应用于计算机、经济学、管理学等领域。人们根据协同进化机制原理，在计算机算法方面提出精英协同进化算法(SACEA)，通过精英种群、普通种群和随机种群的协同进化仿真，进行全局寻优。在企业进化方面提出惯例、搜寻、变异等协同进化规则，通过对企业生存、发展过程进行追踪，解释企业演化发展的规律。在知识进化方面，通过对知识生命周期和知识进化过程进行分析，探讨知识生态系统进化的协同、平衡、文化选择、竞合等机制。

四、文献综述

近年来国内外关于高职教育与区域经济协同发展的研究成果不多，就现有成果而言，主要集中在高职教育与区域经济协同发展关系、高职教育与区域经济协同发展模式、高职教育与区域经济协同发展策略、高职教育与区域经济协同发展机制等方面，现对以上四个方面的研究进行总结。

（一）关于高职教育与区域经济协同发展关系的研究

高职教育与区域经济协同发展关系是在高职教育与区域经济互动关系基础上形成的一种高职教育与区域经济关系理论，该理论的形成经过了多元论、制约论、依存论、互动论、协同论等几个阶段。

1. 高职教育与区域经济多元论

高职教育与区域经济多元论认为，区域经济发展具有多样化特征，区域经济发展对人才需求的多样化，要求高职教育专业设置和人才培养方式的多样化（李菲，2013；武汉职业技术学院课题组，2010；郭德怀、陈光曙，2014）。受历史积累、自然资源、地理位置、人口素质、经济政策等因素的影响，国内外各区域经济发展很不平衡，并呈现出多样化结构，高职院校作为一个区域高等职业技术人才的提供者，只有在专业设置和人才培养上与本区域经济结构保持适配，才能实现高职教育与区域经济的协同发展。这种观点从生态学角度分析高职教育与区域经济发展之间的关系，符合高职教育与区域经济协同发展实际，对区域高职院校的专业设置和区域人力资源开发具有一定的指导意义。

2. 高职教育与区域经济制约论

高职教育与区域经济制约论认为，区域经济与区域高新技术的发展是区域高职教育产生和发展的直接动因（王陶，2011；Lovaglio and Verzillo，2016）。如果区域经济发展水平较低、区域高新技术发展较慢，则将会制约区域高职教育的发展规模、发展速度，并对区域高职教育的专业设置和层次结构产生制约作用。这种观点揭示了高职教育与区域经济发展关系的核心。在高职教育发展早期阶段，有些高职院校发展定位不准确、专业设置不合理，出现大量的同构化现象，正是因为区域经济对高职教育具有制约作用。

3. 高职教育与区域经济依存论

坚持高职教育与区域经济相互依存观点的学者比较多。高职教育与区域经济依存论认为，高职教育与区域经济发展的关系表现为相互依存、相互支撑、相互补充（王宏涛、涂焕应，2012；何首贤、李秋，2015；郭德怀，2014）。一方面，区域经济发展需要大力发展高职教育，区域经济发展为高职教育发展提供了发展机遇和发展挑战；另一方面，高职教育发展为区域经济发展提供了职业技术人才，促进了区域经济的繁荣和发展。这种观点揭示了高职教育与区域经济之间的共生关系，没有一定的区域经济基础，高职教育发展缺乏必要的经费支撑，即使高职教育发展了，也无法消化众多的高职毕业生就业；高职教育落后，区域经济发展缺少高素质的职业技术人才，会限制区域经济发展。

4. 高职教育与区域经济互动论

高职教育与区域经济互动论认为，高职教育与区域经济之间的关系是互动的（高常水等，2010；盛宝柱，2013；梁阿莉，2014；许先果，2014）。一方面，区域经济发展催生高职教育，高职教育的产生和发展离不开区域经济；另一方面，高职教育在发展过程中与区域经济之间的关系由被动适应逐渐向积极应对、主动引领转变。这种观点印证了我国高职教育与区域经济发展实践，对指导地方政府发展高职教育具有一定指导意义，一些地方政府逐渐改变以前重区域经济发展、轻高职教育发展的做法，认为抓高职教育发展就是抓区域经济发展，这种做法有利于高职教育与区域经济的可持续发展。

5. 高职教育与区域经济协同论

高职教育与区域经济协同论是近年比较流行的关于高职教育与区域经济关系的观点。坚持这种观点的学者以协同学（赫尔曼·哈肯，2005）为基础，认为高职教育与区域经济协同发展是两个协同有效匹配的过程，在高职教育与区域经济协同发展过程中，协同发展系统要素之间的关系呈现出非线性关系。高职院校以人才培养、科研创新、技术服务为目标，企业以追逐利润为目标，政府对高职院校和企业的支持，目的是实现知识经济协同发展。由于高职院校、企业、政府追求的目标存在差异性，高职教育与区域经济协同发展过程存在博弈关系。高职教育与区域经济能否协同发展，既取决于协同主体要素，也取决于外部环境要素。只有在高职教育与区域经济主客体要素有效匹配的条件下，高职教育与区域经济才能通过非线性作用，实现要素间聚合放大与功效倍增，最终实现高职教育与区域经济协同发展。

国内外关于高职教育与区域经济协同发展关系的研究表明，高职教育与区域经济之间的关系由多元论，经过制约论、依存论、互动论，逐渐发展到协同论，既是高职教育与区域经济发展过程中两个系统逐渐融合的结果，也是工业经济向网络经济转变过程中高职教育与区域经济协同发展环境变化的必然要求。只有实现高职教育与区域经济协同发展，才能实现高职院校、企业、政府之间的共赢，才能真正实现区域知识、经济等要素的协同发展，并由投资驱动经济发展的生产方式向创新驱动经济发展的生产方式转变，实现高职教育与区域经济的可持续发展。

（二）关于高职教育与区域经济协同发展模式的研究

通过对国内外高职教育与区域经济协同发展模式的文献进行研究发现，国内外关于高职教育与区域经济协同发展模式的研究主要集中在高职教育与区域经济协同发展模式内涵、高职教育与区域经济协同发展模式分类、高职教育与区域经济协同发展模式影响因素等方面，下面对上述三个方面的研究进行总结。

1. 高职教育与区域经济协同发展模式内涵

国内外对高职教育与区域经济协同发展模式概念的研究（杨启光，2011），多是在高职教育与区域经济发展历史的基础上总结出来的。高职教育与区域经济协同发展模式是指高等职业教育在培养职业技术人才、提供科技服务过程中与区域经济相互作用、彼此支撑、共同发展的形式、结构、途径，它探讨的是高职教育诸因素与区域经济诸因素的最佳结合与构成，以及相互交流的内容、相互作用的机制等。通过对国内外高职教育与区域经济协同发展模式内涵的研究进行探讨，可以从三个方面理解高职教育与区域经济协同发展模式。

第一，高职教育与区域经济协同发展模式符合高职教育与区域经济本质的发展规律和逻辑。高职教育与区域经济协同发展的动因、方向、特点（郭梁，2015；马仁听，2015）等是构成高职教育与区域经济协同发展模式的重要内容。将高职教育与区域经济协同发展的动因、方向、特点等以模式的方式表达出来，便于理解和把握高职教育与区域经济协同发展的规律，通过总结高职教育与区域经济协同发展规律，指导未来高职教育与区域经济的协同发展。

第二，高职教育与区域经济协同发展模式是对不同时期高职教育与区域经济协同发展特征的理性概括。我国高职教育自20世纪80年代产生到现在，经历了探索期、规模发展期、内涵发展期等阶段（徐兴旺、黄文胜，2015；宇靖，2010）。我国高职教育在发展过程中不断探索与区域经济协同发展的路径。研究高职教育与区域经济协同发展模式，需要将高职教育与区域经济协同发展放在一定历史进程中进行考察，从中分析高职教育与区域经济协同发展模式演化与推进逻辑，并总结高职教育与区域经济协同发展模式的更替规律。

第三，不同国家高职教育与区域经济协同发展的模式具有自身特点。每个国家和地区的高职教育都是基于本国国情和社会需求基础产生和发展起来的（朱雪梅，2014；罗妙心，2014；陈君、姜茉然，2015；鲁艳，2015；刁瑜，2014）。各个国家和地区的高职教育在服务区域经济发展，推动高职教育实践进程中形成典型模式。这种高职教育与区域经济协同发展模式是在高职教育与区域经济发展规律作用下，服务于当地经济和社会发展实践的结果，高职教育与区域经济协同发展模式存在一般与特殊的关系。

纵向方面，在高职教育与区域经济协同发展过程中，高职教育与区域经济从低级向高级协同发展，形成不同的模式。横向方面，不同国家和地区基于本国、本地区情况，高职教育与区域经济差异化协同发展形成不同的模式。

2. 高职教育与区域经济协同发展模式分类

由于纵向历史基础和横向资源基础不同，高职教育与区域经济在协同发展过程中形成多种模式。国内外学者对高职教育与区域经济协同发展模式进行过多种分类，为认识和研究高职教育与区域经济协同发展模式提供了基础。

第一，根据学术教育与职业教育之间的关系分类。高等教育主要分为高等职业教育和普通高等教育。按照社会分工原则，高等职业教育的任务主要是从事职业教育，普通高等教育的任务主要是从事学术教育。然而，许多地区的高等职业院校出于对学术性和职业性的取舍，在与区域经济协同发展过程中形成一体化模式、二元制模式、多元制模式（刘悦，2009）。三种模式的高职院校，在专业设置、功能定位等方面存在差异性，有的努力向普通高等教育看齐，有的形成了自身特色。

第二，根据政府与市场之间的关系分类。根据政府与市场之间的关系，高职教育与区域经济协同发展的模式可以分为政府主导型、市场主导型、混合型三种（陈宝华，2008）。与此相类似的分类还有两种：一种是根据高职教育成本主要承担机构的不同，将高职教育与区域经济协同发展的模式分为国家提供模式、利益团体提供模式、地方行业提供模式（Crouch et al.，1999）；另一种是根据计划和市场程度的不同，将高职教育与区域经济协同发展的模式分为计划模式、市场模式、混合模式（陈莹，2012）。

第三，根据发展进程分类。在世界现代化进程中，先发国家的高职教育是从工厂制度内部内生出来的，属于内生模式，高职教育发展能够得到企业界的认同和支持；后发国家的高职教育，特别是中国的高职教育，是基于学者和政府而不是企业界的认识发展起来的，属于外生模式，在高职教育与区域经济协同发展过程中所追求的产学合作始于学校而非企业，难以实现与企业的实际合作（徐国庆，2007）。

第四，根据多维度分类。高职教育与区域经济协同发展过程中面临许多矛盾，根据所面临矛盾的性质，高职教育与区域经济协同发展模式可分为办学定位模式、价值取向模式、行为逻辑模式、办学路径模式。其中，办学定位模式是指高职院校如何在高职教育与普通高等教育之间取舍，以及如何在专业设置方面取舍；价值取向模式是指高职教育如何在经济价值与社会价值之间取舍；行为逻辑模式是指高职教育与区域经济协同发展以市场为主导，还是以政府为主导；办学路径模式是指高职院校是采取差异化办学，还是去差异化办学（查吉德，2013）。

国内外学者根据不同标准，对高职教育与区域经济协同发展模式进行分类，为研究高职教育与区域经济协同发展模式提供了多种角度，便于全面认识和科学理解高职教育与区域经济协同发展模式。

3. 高职教育与区域经济协同发展模式影响因素

世界各国和地区成功的高职教育与区域经济协同发展模式都根植于当地政治、经济、文化等社会要素之中。通过对国内外高职教育与区域经济协同发展的相关文献进行研究发现，影响高职教育与区域经济协同发展模式的因素主要集中在人才、技术、信息、资本等方面。

第一，人才因素。高职院校与区域企业之间的人才联动，是高职教育与区域经济协同发展的主要动力（沈励铭、朱晓卓，2011；吴秋琴，2013）。人才是高职教育与区域经济之间实现良性互动的主要沟通要素。高职教育对职业技术人才的培养和培训，是区域人才本地化的重要途径；区域经济发展促进高等职业技术人才就业和再就业。

第二，技术因素。自高职教育产生以来，高职教育在与区域经济协同发展过程中，经过了手工技术时代的学徒制模式、工业技术时代的学校制模式和企业制模式、新技术时代的合作模式、信息技术时代的社会化综合模式等阶段（楼世洲，2008）。技术是促进高职教育与区域经济协同发展的本质、核心力量。

第三，信息因素。网络经济时代是一个具有海量信息的时代。在网络经济时代，高职院校与区域企业之间要实现互联互通，主要依靠信息。信息是调和高职教育与区域经济协同发展的重要纽带，是高职教育与区域经济共享成果的重要影响因素（肖坤，2013）。高职院校与区域企业之间海量信息的持续交换和转化，是区域知识创新的重要方式之一。

第四，资本因素。高职院校以培养职业技术人才和提供职业技术服务为天职，但人才产生经济效益是一个漫长的过程，所以高职院校要实现可持续发展，需要地方政府通过税收和财政杠杆进行二次分配才能实现。资本是高职教育与区域经济协同发展的重要条件，也是高职院校与区域企业实现交流互动的重要物质。

高职教育与区域经济交流人才、技术、信息、资本的方式、机制、途径等决定了高职教育与区域经济协同发展的模式，进一步决定了区域经济发展的速度和水平。

国内外关于高职教育与区域经济协同发展模式内涵、分类、影响因素的研究表明，以高职教育与区域经济协同发展系统为维度，从横向角度研究高职教育与区域经济协同发展模式的成果较多；以高职教育与区域经济协同进化的时间为维度，从纵向角度研究高职教育与区域经济协同发展模式的成果较少。

（三）关于高职教育与区域经济协同发展策略的研究

当前关于高职教育与区域经济协同发展的研究，主要集中在策略研究，该类研究占高职教育与区域经济协同发展研究成果总数的 68.27%（黄俊霞、姚本先，2014）。就国内外相关策略研究步骤而言，主要从存在的问题、问题产生的原因、发展策略三个方面进行了研究。

1. 高职教育与区域经济协同发展存在的问题

通过总结国内外学者关于高职教育与区域经济协同发展存在问题的研究发现，高职教育与区域经济协同发展存在的问题主要体现在政府、高职院校、企业等方面。

第一，政府方面的问题。地方政府是地方高职教育的主要投资者，是区域高职教育与区域经济协同发展游戏规则的制定者，是高职教育与区域经济协同发展的主要协调者。在高职教育与区域经济协同发展过程中，政府方面存在的问题主要体现在中央政府和地方政府两个层面。中央政府层面的问题表现在对高职院校与企业合作的支持大多停留在会议、文件形式的倡导层面上，缺乏刚性、具体的实施细则（王莉红、王聚贤，2015）。地方政府层面的问题表现在对高职教育与区域经济协同发展政策提供的保障、经费支持、组织协调不到位，影响到行业、企业、民众对高职教育的参与和支持（许先果，2014）。在缺乏政府有效的法律保障、政策引导、财政支持的大环境下，高职院校与企业的合作处于偶然、个别、非持续状态，长期持续合作的机制还没有最终形成。

第二，高职院校方面的问题。高职院校是高职教育与区域经济协同发展的核心主体之一，高职院校存在问题必然影响高职教育与区域经济的协同发展。目前，我国高职院校存在的问题主要体现在发展定位和发展动力两个方面。在发展定位方面，存在发展定位不准确现象。由于发展定位不准确，有些高职院校出现专业设置不合理、培养模式非专业、师资结构不科学等现象，不是按照市场需求确定发展定位、配置各种教学和科研资源，而是按照主管部门要求配置教学和科研资源，出现培养出的人才与企业需求供非所需、提供的职业技术服务与市场供非所需的现象。在发展动力方面，存在自身发展动力不足、主要依靠政府推动的现象（朱雪梅、张建奇，2014）。政府是高职教育发展的根本动力，高职院校的教学活动和科研活动全部围绕政府对高职院校的评估指标进行，出现高职院校和高职教育同质化，许多高职院校的专业特色和办学特色弱化，专业设置、人才培养脱离本地经济对高职技术人才和职业技术服务的需求。

第三，企业方面的问题。目前中国的高职教育属于高职院校本位模式的高职教育，政府是高职教育的主导者，高职院校是高职教育的实践者，现有生源主要是应届高中毕业生和中等职业学校毕业生，企业被排除在高职教育体系之外，企业内职业教育、职后教育没有得到充分发挥。由于中国高职教育还没有从高职院校本位模式向企业本位模式转变，企业参与高职教育的积极性不高，现有企业与高职院校的合作缺乏长效机制（卢兆梅，2013）。

2. 高职教育与区域经济协同发展存在问题产生的原因

国内外关于高职教育与区域经济协同发展存在问题产生原因的研究不多，就现有的原因分析而言，主要体现在体制原因、文化原因、信息原因、激励原因等方面。从大类上主要分为宏观体制层面和微观要素层面两种。

第一，体制原因。坚持这种观点的学者认为，高职教育与区域经济协同发展存在问题，主要是因为管理体制"条块分割"、人才培养体制"脱离市场"、办学体制"封闭单一"（林克松、朱德全，2012）。上述体制是由长期历史原因形成的，是高职教育与区域经济协同发展存在的桎梏和顽疾，是影响高职教育与区域经济协同发展的深层原因。

第二，文化原因。传统文化不但对政府官员具有深刻的影响，而且还根植到教育者的心理和行为中。在中国传统文化中，儒家文化一直占据统治地位。儒家文化重仕宦、轻民工的思想，形成我国"重普教、轻职教"

"重科学、轻技术""重知识、轻能力"的教育传统(王陶,2011)。我国高职教育从20世纪80年代产生初期到现在,一直得不到社会的足够重视和支持。

第三,信息原因。高职院校与企业之间存在严重的信息不对称现象。高职院校具有创新项目的研发能力,但缺乏研发资金;企业具有资金和市场营销能力,但缺乏技术(Xiong,2013)。由于高职院校与企业之间的信息不对称,两个创新主体难以形成有效的联系与对接。

第四,激励原因。高等职业教育与普通高等教育作为我国高等教育的两个重要组成部分,各有各的特点。目前,对高职院校教师的职称评定办法与普通高等院校相同,在高职院校职称评定中没有体现高职教育自身的特点,使高职教师侧重实践技能的教学特点与职称评定条件存在分歧,这影响了高职教师队伍的积极性。

3. 高职教育与区域经济协同发展策略

国内外关于高职教育与区域经济协同发展策略的研究很多,而且主要是针对具体地方高职院校的。现有研究所提出的促进高职教育与区域经济协同发展的策略存在同质化现象。就策略执行主体而言,主要包括政府策略、高职院校策略、企业策略等方面。

第一,政府策略。无论是发达国家,还是发展中国家,政府都是高职教育与区域经济协同发展的重要参与者。在促进高职教育与区域经济协同发展方面,政府的责任主要体现在财政投入、发展环境、发展模式等方面。在财政投入方面,瞿凡(2011)、颜玉玲(2013)、王晶(2012)、龚森(2013)等学者建议政府优化财政投入机制,加大财政对高职教育的投资力度。在发展环境方面,许多学者建议政府加大舆论宣传力度,营造高职教育与区域经济协同发展的健康氛围(简寒梅,2012)。在发展模式方面,许多学者建议政府合理利用政策杠杆,调动不同行业、企业参与高职教育办学的积极性,促使我国高职教育尽快由高职院校本位制向企业本位制或多元本位制转变。

第二,高职院校策略。国内外学者提出很多关于促进高职教育与区域经济协同发展的高职院校策略,甚至有学者认为高职院校是高职教育与区域经济协同发展存在问题的主要原因。归纳起来,国内外学者建议通过发展高职院校促进高职教育与区域经济协同发展的策略主要体现在办学方向、师资队伍、人才培养、专业设置、校企合作等方面。在办学方向方面，建议高职院校根据区域经济特征，确定发展定位和发展方向，以服务区域经济为宗旨。在师资队伍方面，建议提升高职院校的师资素质，要求高职院校教师不但要具备前沿的理论知识和扎实的业务知识，还需要具备丰富的实践经验，能够指导学生的工作实践，成为"双师型"教师。在人才培养方面，建议突出人才培养的"职业性""应用性"，而不是盲目追求办学的大而全。在专业设置方面，建议以区域产业需求为导向，优化专业结构，确保专业设置与行业企业需求相适应，增强人才培养的针对性，切实培养产业急需的高素质基层劳动者和一线技能工人。在校企合作方面，建议深化校企合作模式，逐渐使校企合作模式由高职院校主导制向企业主导制转变。

第三，企业策略。国内外学者关于促进高职教育与区域经济协同发展的企业策略提出的不多，现有提出的策略主要集中在校企合作方面。在信息合作方面，建议建立高职人才信息的收集和公布机制，在高职院校与企业之间建立高职人才信息供求平台，最大限度地实现区域经济与高职教育的信息对称。在利益机制方面，在高职院校与企业之间建立"双赢"机制，对开展校企合作的企业实行适当的政策补贴。在合作管理方面，建议将企业管理人员纳入高职院校的专业指导委员会，统筹协调高职院校与企业合作的重大事宜。在高职人才培养方面，建议鼓励企业业务骨干和管理精英到高职院校参与教学工作，要求高职院校教师必须定期到企业参与实践活动，在企业与高职院校之间形成持续、动态的教师流动机制。

国内外学者对高职教育与区域经济协同发展存在的问题、问题产生的原因、解决问题的策略所进行的研究表明，从个案角度研究高职教育与区域经济协同发展策略的成果较多，从普遍原理高度研究高职教育与区域经济协同发展策略的成果较少；从静态角度研究高职教育与区域经济协同发展策略的成果较多，从动态角度研究高职教育与区域经济协同发展策略的成果较少。

（四）关于高职教育与区域经济协同发展机制的研究

国内外关于高职教育与区域经济协同发展机制的研究成果不多，现有关于高职教育与区域经济协同发展机制的研究主要集中在高职教育与区域经济同发展的主体机制、内容机制、文化机制等方面。

1. 高职教育与区域经济协同发展的主体机制

关于高职教育与区域经济协同发展的主体机制，国内外学者有三种观点。第一种观点认为，高职教育与区域经济协同发展是高职院校与区域企业协同作用的结果；第二种观点认为，高职教育与区域经济协同发展是高职院校、区域企业、区域政府共同作用的结果；第二种观点认为，高职教育与区域经济协同发展是高职院校、区域企业和其他参与者共同作用的结果。

第一，二元主体机制。坚持二元主体机制的学者认为，高职教育与区域经济存在依存共生关系，高职教育与区域经济协同发展主要是通过高职院校与区域企业之间相互作用实现的。区域企业发展决定了区域高职院校的产生、性质和变革，区域高职院校发展决定了区域企业的职业技术人才数量、质量和结构。这种观点强调高职教育与区域经济协同发展是市场经济自发作用的结果，认为政府只需要做好"守门人"即可。

第二，三元主体机制。坚持三元主体机制的学者认为，高职教育与区域经济协同发展是高职院校、企业、政府共同作用的结果（Baartman and Ruijs,2011）。在高职教育与区域经济协同发展过程中，高职院校、企业、政府分别承担不同的职责，高职院校的主要职责是培养人才和创新技术，企业的主要职责是实现新技术的产业化、商业化，政府的主要职责是政策提供和资源配置。在高职院校、企业、政府三者中，高职院校与企业是高职教育与区域经济发展的主体，政府是协调者。三元主体机制的关键在于明确政府在高职教育与区域经济协同发展中的职能。这种观点强调政府对高职教育与区域经济协同发展所起的协调作用，在发展中国家具有一定市场。

第三，多元主体机制。坚持多元主体机制的学者认为，高职教育与区域经济协同发展是全社会共同作用的结果。社会各界对高职教育的认识和态度，是影响高职教育发展的一个重要因素。由于历史原因，中国传统思想对高职教育的认可度不高，加之高职教育层次结构不完整，高职院校的生源是在一本、二本生源之后选拔的，生源素质对高职教育毕业生质量的影响较大。改变社会各界对高职教育的偏见，从招生、就业、经费等方面使高职教育与普通高等教育享有相同的地位和权利，是从根本上实现高职教育与区域经济协同发展的措施。这种观点强调社会力量对高职教育的作用，对实现中国高职教育与区域经济协同发展具有一定借鉴价值。

2. 高职教育与区域经济协同发展的内容机制

国内外关于高职教育与区域经济协同发展的内容机制研究主要有两种观点：一种观点是以时间为维度，认为高职教育与区域经济协同发展主要是实现纵向协同；另一种观点是以层次为维度，认为高职教育与区域经济协同发展主要是实现横向协同。

第一，纵向协同机制。纵向协同机制是指高职院校与区域之间相互深入、相互交叉、相互渗透过程中的协同发展关系，是以时间为维度形成的高职教育与区域经济协同发展关系。坚持这种观点的学者认为，高职教育与区域经济协同发展，主要通过以下方式实现：一是高职院校的学科结构应与区域产业结构相衔接；二是高职院校的人才培养模式要与区域经济发展相适应；三是以政府为主导实现区域资源的合作与共享；四是以高职院校为主导实现产学研合作模式创新；五是以企业为主导实现产业园区的带动作用。

第二，横向协同机制。横向协同机制是指以层次为维度形成的高职教育与区域经济协同发展关系。坚持这种观点的学者主要有两种：一种是根据高职教育与区域经济协同发展内容的层次，将高职教育与区域经济协同发展的内容分为目标协同、战略协同、组织协同、知识协同，主张通过内容层次的协同化实现高职教育与区域经济的协同发展；另一种是根据高职教育与区域经济协同发展内容的性质，将高职教育与区域经济协同发展的内容分为价值协同、利益协同、资源协同，主张通过内容性质的协同实现高职教育与区域经济的协同发展。

3. 高职教育与区域经济协同发展的文化机制

文化是高职教育与区域经济协同发展的重要纽带之一，国内外关于高职教育与区域经济协同发展的文化机制的研究主要集中在文化引领机制、文化整合机制、文化多元机制、文化共生机制等方面。

第一，文化引领机制。国内外坚持文化引领机制观点的学者认为，文化传统对高职教育的产生和发展具有引领作用，一定地区的高职教育模式与其文化传统是相适应的。文化传统一旦形成，就会成为相对稳定和独立的封闭系统。强大的文化历史惯性既可以促进高职教育的发展，也可以阻碍高职教育的发展。文化传统对高职教育与区域经济协同发展所起的作用具有双面性。

第二，文化整合机制。国内外坚持文化整合机制观点的学者认为，区域文化是高职院校、企业、政府等多主体耦合化的结果（查吉德，2013）。高职院校、企业、政府具有不同的利益目标，导致在高职教育与区域经济协同发展过程中，高职院校培养的人才规格不高，企业参与度不高，政府推动作用不明显。要实现高职教育与区域经济协同发展，需要整合高职院校、企业、政府的价值观，促进各方参与者的文化整合和价值整合。

第三，文化多元机制。国内外坚持文化多元机制观点的学者认为，高职人才培养的多元化是高职教育发展的重点和难点，也是高职教育与区域经济协同发展的重点和难点。为实现高职人才培养的多元化，各地区需要根据实际情况，实施课程设置多元化、教学模式多元化、评价方式多元化。

第四，文化共生机制。国内外坚持文化共生机制的学者认为，在高职教育与区域经济协同发展过程中，政府、高职院校、企业同属于一条招生就业价值链，三者之间是一种共生关系。在中国，政府、高职院校、企业分别处于招生就业价值链的上游、中游、下游，政府出台的招生政策决定高职院校学生的数量和质量，高职院校培养的学生数量和质量又决定企业高职技术人员的素质，招生就业价值链的三个环节既相互制约又相互促进，对高职教育与区域经济协同发展都具有重大影响。

通过上面对高职教育与区域经济协同发展的主体机制、内容机制、文化机制进行总结可以看出，国内外对高职教育与区域经济协同发展机制的研究重视静态条件下协同发展主体及其作用内容、作用规则的研究，轻视高职教育与区域经济协同发展过程中进化机制的研究。高职教育与区域经济协同发展是一个动态过程，世界各地高职教育与区域经济协同发展的进程各不相同，从动态角度研究高职教育与区域经济协同发展的进化机制，对把握高职教育与区域经济协同发展的长远趋势、促进高职教育与区域经济协同健康发展具有重要意义。

（五）高职教育与区域经济协同发展研究存在的不足

通过对国内外高职教育与区域经济协同发展的关系、模式、策略、机制研究进行总结发现，在现有研究成果中，多为静态的经验性研究，缺乏对高职教育与区域经济协同发展规律的动态探索，高职教育与区域经济协同发展的进化机制研究存在不足之处。

1. 高职教育与区域经济协同发展的基因机制研究缺乏

高职教育与区域经济之间的关系是一种协同发展关系，已经在国内外形成共识，但高职教育与区域经济如何协同发展？关键取决于高职教育与区域经济系统的质量，取决于组成高职教育与区域经济系统的基因要素、基因模式、基因调控措施等，目前国内外关于上述内容的研究明显不足。

第一，高职教育与区域经济协同发展的基因要素揭示不够。高职教育与区域经济系统是高职教育与区域经济的组合体，组成高职教育的教师、学生、专业设置、培养方式、科研成果与组成区域经济的企业、就业、产品、资本等要素，是决定高职教育与区域经济协同发展的重要因素，但在高职教育与区域经济协同发展过程中，各种因素所起的作用具有很大差异，有的因素只能对高职教育与区域经济短期协同发展起作用，有的因素会对高职教育与区域经济长期协同发展起作用，类似生物体内的基因。在国内外现有关于高职教育与区域经济关系理论中，对高职教育与区域经济协同发展的基因要素揭示不够，以致在治理高职教育与区域经济关系时，难以对决定高职教育与区域经济协同发展的重点基因要素进行重点研究。

第二，高职教育与区域经济协同发展的基因模式表述不清。高职教育与区域经济如同两条基因链，组成高职教育的教师、学生、专业设置、培养方式、科研成果等要素，与组成区域经济的企业、就业、产品、资本等要素的组合方式不同，形成高职教育与区域经济协同发展的不同基因模式。国内外现有高职教育与区域经济关系理论提出了高职教育与区域经济的组成要素，并论述了高职教育对区域劳动力素质、劳动力市场、知识存量具有重要影响；区域经济发展水平决定高职教育的规模和发展速度，区域产业结构制约高职教育的专业结构，区域技术结构决定高职教育的层次结构，但对高职教育要素与区域经济要素组成高职教育与区域经济组合系统的基因模式表述不清，以致一个地区在高职教育与区域经济协同发展过程中，难以选择符合自身历史和现状的未来基因模式。

第三，高职教育与区域经济协同发展的基因调控措施缺乏。高职教育与区域经济协同发展，是高职教育与区域经济共同作用的结果。促进高职教育与区域经济协同发展，既需要优化高职教育要素，也需要优化区域经济要素。现有研究成果对优化高职教育与区域经济的要素进行过多种分析，但多数学者把构成高职教育与区域经济的要素等同看待，并没有把能够对高职教育与区域经济协同发展产生持续影响的因素区分开，作为基因研究，对高职教育与区域经济协同发展产生持续影响的基因提出调控措施的研究很少。

2. 高职教育与区域经济协同发展的选择机制研究缺乏

国内外关于高职教育与区域经济协同发展模式的研究集中在模式内涵、模式分类和模式影响因素方面。现有研究成果主要从静态角度研究高职教育与区域经济协同发展模式，从动态角度对高职教育与区域经济协同发展的选择模式、选择动因、选择过程进行深入研究的成果不多。

第一，高职教育与区域经济协同发展的选择模式缺乏。高职教育与区域经济协同发展是高职院校与区域企业相互选择的过程。高职院校与企业具有不同的利益诉求，双方选择合作伙伴的模式反映了高职教育与区域经济系统形成的规律。国内外关于高职院校与企业合作的研究，多是从表层论述双方合作时彼此能够给对方带来的好处，关于高职院校与企业相互选择模式进行深入研究的成果很少，以致高职教育与区域经济协同发展的选择模式研究相对缺乏，很难从现有研究成果中看到高职教育与区域经济协同发展过程中高职院校与企业相互选择的规律。

第二，高职教育与区域经济协同发展的选择动因不清。由于历史基础和现实条件不同，世界不同国家和地区的高职院校与企业选择合作伙伴的具体原因千差万别。然而，就影响高职教育与区域经济协同发展的关键因素而言，决定高职教育与区域经济协同发展的选择动因是有规律的。国内外现有研究成果多是从高职院校与企业双方各自所需的互补资源角度分析高职院校与企业合作的动因，很少从生物演化视角分析高职院校与企业相互选择合作伙伴的动因。高职教育与区域经济协同发展的选择动因不清，影响高职院校与企业相互选择合作伙伴的针对性。

第三，高职教育与区域经济协同发展的选择过程模糊。在高职教育与区域经济协同发展过程中，高职院校与企业选择合作伙伴是一个非常复杂的过程。国内外现有研究成果重视高职院校与企业合作条件的研究，但对合作结果和合作过程进行深入研究的成果很少。揭开高职教育与区域经济协同发展这个"黑箱"才能认清高职院校与企业相互选择的规律，才能为高职院校和企业选择合作伙伴提供理论指导。

3. 高职教育与区域经济协同发展的变异机制研究缺乏

目前关于高职教育与区域经济协同发展存在问题的研究表明，诱发高职教育与区域经济协同发展问题的原因主要体现在高职院校、企业、政府等方面，解决高职教育与区域经济协同发展问题的根本途径是高职院校、企业、政府协同创新。高职教育与区域经济协同创新是高职教育与区域经济协同变异的结果。现有研究成果多从个案角度提出解决问题的具体策略，主要是一些经验性研究。从协同创新角度研究高职教育与区域经济协同发展，提出创新策略，并揭示变异规律的研究成果不多。

第一，高职教育与区域经济协同发展的集成创新机制研究不足。集成创新是高职院校与企业协同创新的主要表现形式。国内外关于高职院校与企业协同创新的现有研究成果主要集中在协同创新方向定位、协同创新平台搭建、协同创新模式选择等方面。现有关于高职院校与企业协同创新的研究成果过于宽泛，对自主创新的集成创新机制研究不够深入，高职院校和企业很难从现有研究成果中找到集成创新的路径，大大影响了高职教育与区域经济协同创新的进程。

第二，高职教育与区域经济协同发展的原始创新机制研究缺乏。原始创新是高职院校与企业协同创新的最高形式，是高职教育与区域经济协同发展的根本动力。国内外现有研究成果主要集中在对研究型大学和大型科研机构原始创新的研究，忽视了高职院校和企业在原始创新中的作用。高职院校与企业之间的人才如何交流互动，才能促进区域原始创新？这个问题是高职教育与区域经济协同发展过程中的一个关键问题，但国内外对高职教育与区域经济协同发展的原始创新机制进行深入研究的成果很少。

第三，高职教育与区域经济协同发展的文化创新机制研究欠深入。区域文化是决定高职院校与企业协同创新，促进高职教育与区域经济协同发展的一种重要软实力，也是决定高职教育与区域经济协同发展模式的一个重要因素。不同国家、不同地区的高职教育与区域经济之所以选择不同的发展模式，与其历史和现实文化密切相关。在阻碍高职教育与区域经济协同发展的诸多因素中，文化是一个关键因素。通过文化创新促进高职教育与区域经济协同发展，是解决高职教育与区域经济协同发展问题的根本办法，但国内外对高职教育与区域经济协同发展的文化创新机制进行深入研究的成果不多。

4. 高职教育与区域经济协同发展的增长机制研究缺乏

国内外高职教育与区域经济协同发展机制的研究成果表明，现有成果重视高职教育与区域经济协同发展静态机制的研究，轻视高职教育与区域经济协同发展动态增长机制的研究。高职教育与区域经济协同发展是一个过程，高职教育与区域经济协同发展动态机制的研究不足主要体现在投入机制、产出机制和过程机制方面。

第一，高职教育与区域经济协同发展的投入机制研究不系统。高职教育与区域经济协同发展的投入主要体现在高职教育和区域经济两个方面。现有高职教育与区域经济协同发展研究成果主要关注经费投入、人力资本投入、科研投入等方面，强调单个要素对高职教育与区域经济协同发展的作用，对投入要素之间的关系关注不够，没有将投入要素放到高职教育与区域经济协同发展过程中进行系统研究，对投入要素的研究缺乏系统性。

第二，高职教育与区域经济协同发展的产出机制研究不具体。高职教育与区域经济协同发展的产出包括高职院校的人力资本产出、科技产出和区域经济增长总量产出。现有研究成果关注人力资本产出、科技产出和区域经济增长总量产出，对不同类型高职教育与区域经济协同发展的产出机制缺乏深入研究，对各种产出对投入的反馈作用缺乏深入研究，现有研究成果对指导有些地区高职教育与区域经济协同发展缺乏针对性。

第三，高职教育与区域经济协同发展的过程机制研究还不够清晰。揭开高职教育与区域经济协同发展过程这个"黑箱"才能从根本上揭示高职教育与区域经济协同发展的规律。国内外高职教育与区域经济协同发展研究成果重视高职教育与区域经济协同发展的投入与产出研究，轻视高职教育与区域经济协同发展的过程研究。高职教育与区域经济协同发展过程不清晰已经成为制约高职教育与区域经济协同发展的重要因素。

通过以上对高职教育与区域经济协同发展关系、协同发展模式、协同发展策略、协同发展机制的相关研究进行总结可以看出，国内外现有研究成果重视高职教育与区域经济协同发展静态的经验性研究，缺乏对高职教育与区域经济协同发展动态的进化机制的探讨，而从动态角度研究高职教育与区域经济协同发展的进化机制，揭示高职教育与区域经济协同发展的进化规律，是立足本地、从高职教育与区域经济协同发展全生命周期的不同发展阶段促进高职教育与区域经济协同发展的根本措施。

五、研究意义

(一) 理论意义

国内外高职教育与区域经济协同发展的现有研究成果表明，现有对高职教育与区域经济协同发展的研究重视协同发展关系、协同发展模式、协同发展策略方面，轻视协同发展机制方面。协同发展机制方面的研究重视静态的经验性研究，轻视动态的进化机制研究；而动态进化机制研究是揭示高职教育与区域经济协同发展规律、科学规划高职教育与区域经济协同发展未来的关键。

高职教育与区域经济协同发展是符合生态规律的区域经济共生现象，只有在高职教育与区域经济协同发展进程中研究高职院校与企业、政府等主体协同发展，才能从高职教育与区域经济协同发展历程中揭示高职教育与区域经济协同发展的规律。基因机制、选择机制、变异机制、增长机制是高职教育与区域经济协同发展进化机制的重要内容，但国内外对上述进化机制进行深入研究的成果很少。深入研究高职教育与区域经济协同发展的进化机制，揭示高职教育与区域经济协同进化过程中的基因机制、选择机制、变异机制、增长机制，对丰富高职教育与区域经济协同发展的动态理论，从整个生命周期促进高职教育与区域经济协同发展具有重要的理论意义。

（二）实践意义

国内外高职教育与区域经济协同发展存在的问题研究表明，高职教育与区域经济之所以未能实现协同发展，既有体制方面的原因，也有文化、信息、激励等方面的原因，但其根本原因在于高职教育未能与区域经济实现同步发展。促进高职教育与区域经济协同发展的策略是有历史性的。在高职教育与区域经济发展过程中，不同历史时期阻碍高职教育与区域经济协同发展的问题不同，这就要求从高职教育与区域经济整个生命周期研究高职教育与区域经济协同发展的进化规律，揭示影响高职教育与区域经济协同发展的关键因素，有的放矢地制定各种策略。

中国的高职教育起源于 20 世纪 80 年代，在经历探索期、扩张期、稳定期三个发展阶段后，高职教育基本进入理性发展阶段。但是，中国高职教育在发展过程中存在政府主导自上而下、学校本位、企业缺位的现象，导致高职院校封闭办学、与产业界互动不足。高职院校如何在区域经济发展过程中准确定位自身，在高职教育与区域经济协同发展中实现良性互动，是目前高职教育与区域经济发展过程中面临的一个迫切问题。深入研究高职教育与区域经济发展的进化机制，有利于使高职院校在区域经济发展过程中找到自己的角色，对实现高职院校与区域经济协同发展具有重要的实践意义。

六、研究内容与研究方法

（一）研究内容

本书基于我国实施创新驱动发展战略以及人口结构发生变化的宏观背景，通过研究高职教育与区域经济协同进化理论，分析高职教育与区域经济协同进化过程中的基因机制、选择机制、变异机制、增长机制，揭示高职教育与区域经济协同进化的规律，采取措施优化高职教育与区域经济发展的进化机制，促进高职教育与区域经济协同发展。

基于以上研究目标，本书分为八章。

第一章，绪论。介绍研究背景、研究的理论意义和实际意义，界定本书的关键概念，阐述本书的理论基础并对国内外高职教育与区域经济协同发展的相关文献进行综述，发现现有研究的不足，明确本书的方向。

第二章，高职教育与区域经济协同发展的进化机制模型。根据理论研究和调研结果分析高职教育与区域经济之间的关系，刻画高职教育与区域经济协同发展模型，为研究高职教育与区域经济协同发展的进化机制提出理论框架。

第三章，高职教育与区域经济协同发展的基因机制。将高职教育与区域经济协同发展的基因机制引入高职教育与区域经济协同发展模型，寻找影响高职教育与区域经济长期发展的基因，分析基因影响高职教育与区域经济协同发展的方式。

第四章，高职教育与区域经济协同发展的选择机制。将高职教育与区域经济协同发展的选择机制引入高职教育与区域经济协同发展模型，分析高职院校、企业选择合作伙伴的依据、过程和方式，以及不同选择机制如何影响高职教育与区域经济协同发展。

第五章，高职教育与区域经济协同发展的变异机制。将高职教育与区域经济协同发展的变异机制引入高职教育与区域经济协同发展模型，分析高职院校与企业实现原始创新、集成创新、文化创新的机制，揭示变异机制影响高职教育与区域经济协同发展的规律。

第六章，高职教育与区域经济协同发展的增长机制。将高职教育与区域经济协同发展的增长机制引入高职教育与区域经济协同发展模型，分析高职教育与区域经济投入、产出、过程对区域知识增长、经济增长影响的规律。

第七章，案例分析。根据研究结果，以吉林省为例，为进一步说明如何应用高职教育与区域经济协同进化原理，提出促进高职教育与区域经济协同发展的对策，并提出如何通过完善进化机制来实现高职教育与区域经济协同发展。

第八章，结论与展望。总结研究结论，报告本书的不足之处，提出下一步研究方向。

（二）研究方法

本书采用定性与定量分析相结合、理论研究与实证研究相结合的方法进行研究。在研究过程中，主要采用了以下研究方法。

1. 问卷调查法

高职教育与区域经济协同发展具有地域性特点，在研究高职教育与区域经济协同发展的进化机制时，分别从我国东部、中部、西部地区抽取吉林省、天津市、江苏省、河南省、陕西省作为样本省份，分别从与高职教育与区域经济协同发展密切相关的高职教师、企业工作人员、政府工作人员、高职院校学生等群体中抽取样本。

2. 文献研究法

通过广泛阅读国内外相关文献，掌握高职教育与区域经济协同发展的基因机制、选择机制、变异机制、增长机制等国内外相关研究的最新进展。近年来，国内外对高职教育与区域经济协同发展重视的程度越来越高，相关研究理论和研究方法较多。在全面收集相关文献资料的基础上，经过归纳整理、分析鉴别，对现有高职教育与区域经济协同发展的进化机制研究成果和进展进行系统、全面的梳理和分析，找出现有研究存在的不足之处，确保研究内容和研究方法处于学科前沿。

3. 结构方程法

高职教育与区域经济之间协同发展的进化机制涉及"高职教育""区域经济""进化机制"三个关键变量，上述三个变量均属于定性变量，为了在研究过程中实现定性问题的定量化，提高研究结论的科学性，在对高职教育与区域经济协同发展的进化机制和高职教育与区域经济协同进化的基因机制进行研究时，运用结构方程方法，通过设计量表，对有关变量进行测量。

4. 生存分析法

高职教育与区域经济协同发展基因是高职教育与区域经济长期相互作

用的结果。为了揭示高职教育与区域经济协同进化的基因成长过程，借用医学研究中的生存分析法，研究高职教育与区域经济协同进化的基因随时间变化的规律。应用生存分析法，便于打开高职教育与区域经济协同进化的基因成长"黑箱"。

5. 复杂适应法

高职教育与区域经济协同发展的过程，实质上是区域高职院校与企业相互选择和彼此适应的过程。为了揭示高职教育与区域经济协同进化的选择规律，应用复杂适应法，分解企业产品生产过程和高职院校人才、技术生产过程，反映高职院校与企业相互选择的规律。

6. 潜质成长法

在高职教育与区域经济协同进化过程中，高职教育与区域经济均会发生变异。应用潜质成长法，筛选出高职教育与区域经济协同进化过程中发生变异的技术因子、人才因子、文化因子，揭示高职教育与区域经济协同进化的变异规律。

7. 增长分析法

高职教育与区域经济协同增长是在高职教育与区域经济各自增长的基础上实现的。高职教育与区域经济增长均是通过改善有关投入实现的，为揭示高职教育与区域经济协同增长的投入与产出关系，应用增长分析法，构建高职教育与区域经济协同增长模型，研究高职教育与区域经济协同进化的增长机制。

综合研究思路、内容和方法，本书的技术路线如图 1-1 所示。

七、主要创新点

从动态视角研究高职教育与区域经济协同发展，是高职教育与区域经济协同发展研究的难点。通过实地调研和对调研结果进行深入分析，拟在以下三个方面取得创新。

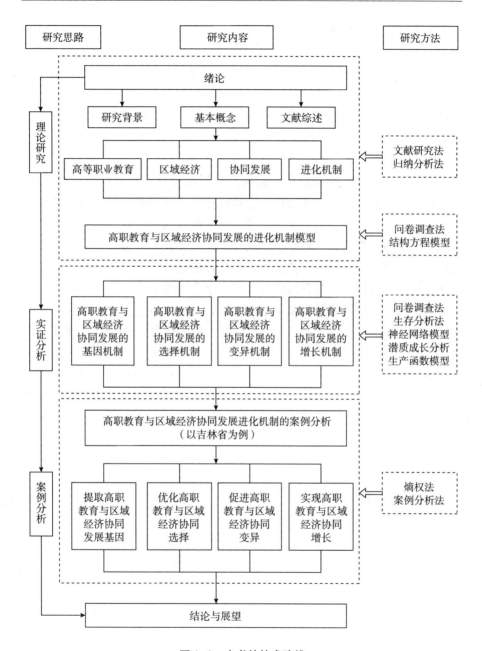

图 1-1 本书的技术路线

第一，借鉴生物进化原理构建了高职教育与区域经济协同进化的基因模型。影响高职教育与区域经济协同发展的因素很多，高职院校的教师、学生、专业设置、培养方式、科研成果、区域企业、就业、产品、资本等要素是决定高职教育与区域经济协同发展的重要因素。通过实地调研，并对调研结果进行因子分析，从中提取影响高职教育与区域经济长期发展的因素，通过基因重组，实现高职教育与区域经济协同、快速、跨越式发展。

第二，利用资本循环总公式刻画出高职院校与企业互相选择的机制。高职院校与企业的合作是通过相互选择合作伙伴实现的。运用复杂适应系统理论，寻找高职院校与企业适应性造就协同发展的规律。运用神经网络理论，刻画高职教育与区域经济协同发展的选择模式。通过对调研数据进行分析，寻找高职院校与企业选择合作伙伴的动因。通过剖析高职院校与企业之间的互选行为，打开高职院校与企业之间的互选过程"黑箱"。

第三，运用潜质成长模型寻找到高职教育与区域经济协同进化的变异因子。创新是高职教育与区域经济协同发展的原动力。运用 LGA 理论，刻画高职教育与区域经济协同发展的人才变异、技术变异、文化变异。通过解析变异过程，开发高职教育与区域经济协同发展的原动力。通过完善原始创新机制、集成创新机制、文化创新机制，不断补充原动力，促进高职教育与区域经济可持续发展。

第二章
高职教育与区域经济协同发展的进化机制模型

高职教育与区域经济协同发展是一个进程。在高职教育与区域经济协同发展过程中，高职教育的目的、内容、形式、方法等在不断发生变化，区域经济对高职人才的需求、对高职教育的投资和支撑等也在不断变化。在农业社会，高职教育以学徒制形式与区域经济协同发展；在工业社会，高职教育以学校形式与区域经济协同发展；在信息社会，特别是在工业4.0 方兴未艾的背景下，高职教育与区域经济协同发展的模式呈现多样化特征。

世界各国的高职教育在产生和确认身份之后，与区域经济协同发展经历了不同的进程。美国的高等职业教育诞生于 20 世纪初的社区学院，70 年代发展成为技术学院，通过将转学教育、补偿教育、职业技术教育、继续教育等中学后教育的多种功能集于一身，完成普通高等教育机构不可能完成的任务，与区域经济协同发展。德国的高等职业教育诞生于 20 世纪 60 年代末的高等专科学校，70 年代发展成为职业学院，90 年代发展成为高等专科大学，通过高职院校与企业联合办学的"双元制"与区域经济协同发展。澳大利亚的高职教育诞生于 20 世纪 60 年代的高级教育学院，70 年代发展成为技术与继续教育学院，通过提供以就业为导向的培训，将技术教育与继续教育、学历教育、岗位培训相结合，与区域经济协同发展。

那么，是何种进化机制决定了高职教育与区域经济的协同发展？如何通过优化进化机制促进高职教育与区域经济协同发展？

一、模型构建

（一）研究框架

协同进化（Coevlution）理论是在进化论和协同学基础上形成的一种进化理论。同达尔文提出的"优胜劣汰"进化思想相比，协同进化理论从互惠共生和协同竞争的角度解释物种的演化规律。自埃利希和雷文（Ehrlich and Raven）提出协同进化概念以来，协同进化理论被许多学者应用于交叉学科的研究中。目前，国内外的协同进化理论主要集中在协同进化的层次、协同进化的动力机制、协同进化的应用等方面。

1. 协同进化的层次

1993年，Moor将协同进化理论引入经济管理领域。此后，Baum和Singh（1994）认为，协同进化存在组织内、组织间、种群、群落四个层次。March（1994）认为，协同进化发展在多个不同的层次，进化的单位彼此嵌套。Pettigrew（1995）认为，协同进化存在组织内部环境和外部环境两个层次。Volberda和Lewin（2003）认为，协同进化的层次发生在企业内部与企业之间。Porter（2006）认为，协同进化主要表现为组织与自然环境的协同进化。Mckelvey（1997）、Madhok和Liu（2006）、Suhomlinova（2006）等认为，协同进化主要表现为微观和宏观两个层次上的协同进化。

2. 协同进化的动力机制

国内外对协同进化的动力机制曾经产生过许多观点。Barnett（1994）、Madhok和Liu（2006）等认为，环境选择和战略选择是协同进化的重要动力机制。Lewin和Volberda（2003）认为，自然选择、管理选择、层级更新、全面更新是协同进化的重要动力机制。Henderson和Stern（2004）认为，企业战略选择和外部环境选择是企业与环境协同进化的重要动力机制。Wilson和Hynes（2009）认为，自然选择、遗传漂变是决定协同进化的重要动力机制。

3. 协同进化的应用

自协同进化理论产生以来，协同进化理论被广泛应用于不同学科领域，主要包括生物学、物理学、化学、教育学、经济学、管理学、社会学、地球科学、计算机科学、交通运输工程、机械工程、医学、电器工程、土木工程、图书馆、情报、体育科学等学科领域。我国的协同进化理论主要应用于企业与企业之间的协同进化、企业与供应链联盟的协同进化、品牌生态系统的协同进化、供应链企业之间的协同进化、产业集群与环境的协同进化、高校与区域经济的协同进化等。国外的协同进化理论主要被应用于制造业与保险业之间的协同进化，技术与产业的协同进化，技术、产业结构与政策的协同进化，产业与环境的协同进化，组织、技术与制度环境的协同进化，战略联盟的协同进化，网络联盟的协同进化，企业、产业与社会环境的协同进化，企业与产业的协同进化，技术与制度的协同进化，产业集群与技术革新的协同进化，企业战略与环境的协同进化，个体与制度的协同进化，产业集群与集群领导力的协同进化，等等。

基于协同进化机制理论，高职教育与区域经济是一对共生关系（见图 2-1）。高职教育作为供给方，通过培养高职专业学生，为区域经济发展提供高职技术人才；通过职业技术研发，提供企业需要的科研成果；通

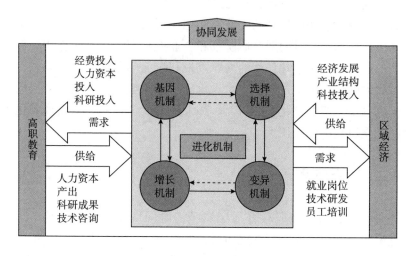

图 2-1 高职教育与区域经济协同发展的进化机制模型

过技术咨询，为企业提供技术服务。高职教育作为需求方，其生存、发展需要的经费投入、人力资本投入、科研投入，需要区域经济提供支持。同时，区域经济作为供给方，区域经济发展、区域产业结构的转型升级，为高职教育提供充足的经费支持，区域科技投入带动高职教育的科研发展。区域经济作为需求方，区域经济发展为高职技术人员提供就业岗位，区域高技术企业的发展为高职院校的科研成果提供了市场，区域企业的员工培训为高职教师提供了工作机会。高职教育与区域经济通过上述互为供需，实现协同发展。

在高职教育与区域经济协同发展过程中，高职教育与区域经济之间的协同发展并非杂乱无章、随机进行，而是在一定进化机制约束下实现的。高职院校是高职教育发展的核心主体，企业是区域经济发展的核心主体，高职教育与区域经济协同发展主要是通过高职院校与企业之间的协同发展实现的。高职院校与企业作为两类不同类型的生命体，分别由人员、资本、技术、信息、组织、制度、文化等要素组成，上述要素形成高职院校和企业生命体的基因，是决定高职院校与企业合作，以及高职教育与区域经济协同发展进程的重要因素。在高职教育与区域经济协同发展过程中，高职院校和企业分别选择哪个主体作为自己的合作伙伴，既受到双方基因结构等内部因素的影响，也受到经济、社会、文化等外部因素的影响。在高职院校与企业合作过程中，特殊情况下会出现双方基因的变异，出现双方合作模式的创新，对高职教育与区域经济协同发展产生突破性变化。高职教育与区域经济协同发展的突破性变化实现高职教育与区域经济的飞速发展和可持续增长，进而对高职院校和企业的基因产生催化作用，促进双方基因的进化。受到催化作用的高职院校和企业的基因，在高职教育和企业内外因素的作用下，进入下一轮进化。在高职教育与区域经济协同进化过程中，每个环节的进化都会对上一环节产生反馈作用，强化或弱化上一环节在进化过程中的作用。

（二）研究假设

进化机制是约束高职教育与区域经济协同发展的重要规则。通过文献、理论研究和对专家进行深度访谈，选取"高职教育""区域经济""进化机制"三个潜变量，通过分析上述三个潜变量之间的关系，研究高职教育与区域经济协同发展的进化机制(见图2-2)。

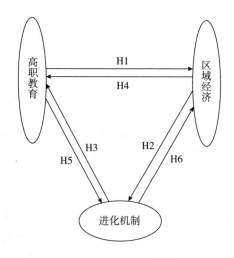

图2-2 高职教育与区域经济协同发展研究模型

1. 高职教育发展促进区域经济发展

高职教育作为高等教育中的一种特殊教育形态,在培养目标、专业设置、课程体系、教学方法等方面,与普通高等教育截然不同,高职教育的根本任务是为区域经济发展培养高素质、高技能、应用型的高职人才。根据联合国工业发展组织提供的数据,中国的劳动技能指数居世界第59位,高级技术和技师仅占1.5%,高级工占3.5%,中级工占35%,初级工占60%,而西方发达国家高级技师占35%,中级工占50%,初级工占15%(郭德怀,2014)。由此可见,中国高素质、高技能、应用型的高职人才严重短缺,已经成为制约中国经济从投资驱动向创新驱动转型的重要瓶颈。

另外,高职教育的科研定位与普通高等教育也不同,普通高等教育的科研工作偏重基础研究,高职教育的科研工作偏重技能型、应用型研究。同普通高等教育从事的基础研究相比,高职教育从事的技能型、应用型研究更接近实际、接近市场,更便于将科研成果产业化、商业化。同时,普通高等教育资源主要集中在大城市,中小城市特别是县区的普通高等教育资源严重匮乏。高职教育资源主要集中在中小城市和县区,拥有人才、技术、信息优势，面向区域经济，服务区域经济，更便于为企业推广和应用新发明、新技术、新创造提供技术服务，为区域发展高新技术产业和用高新技术改造传统产业提供支持，为区域产业结构升级、转变经济增长方式提供技术服务。基于以上分析，提出 H1。

H1：高职教育发展促进区域经济发展。

2. 区域经济发展促进进化机制发展

区域经济发展增加资本总量，提高对技术和人才的需求。区域经济生产要素的变化改变了区域经济的基因结构，新基因将强化区域经济，特别是企业在高职教育与区域经济协同发展中的作用。德国、英国等国家高职教育与区域经济协同发展的实践表明，区域经济发展能够促进校企合作办学，增强企业在高职教育中的作用。企业在人力资源、技术资源、品牌影响等方面能够提升高职教育的核心竞争优势，从而获得更大的经济效益（任军利等，2014）。中国目前的高职教育与区域经济协同发展模式之所以不同于德国、英国等，主要是因为以企业为主体的区域经济没有对高职教育产生主导作用。

区域经济发展增强企业对高职人才、技术服务等的需求，提高企业在高职教育与区域经济合作中的主动性。以企业为主的搜选机制将强化与企业需求相匹配的高职院校的地位和作用，而那些与企业需求不相匹配的高职院校则在发展中受到约束。区域经济发展改变高职教育与区域经济合作伙伴搜选的规则，在高职教育与区域经济协同发展过程中，企业成为高职教育与区域经济合作的主导力量，高职院校的人才、技术等服务需要与企业需求相匹配，才能实现高职教育与区域经济的协同发展。

区域经济的产业结构不同，不同产业对区域经济的贡献也不同。在高技术产业占比重大的区域，高技术产业对区域经济发展的贡献较大。区域经济发展要求高职教育能够提供满足高技术需要的人才和技术，以创新驱动促进区域经济发展，而传统人才和技术，则因为缺乏企业需求受到限制。区域经济结构和驱动力不同，对高职院校的创新导向影响不同，创新机制在进化机制中发展的作用也不同。

驱动区域经济增长的动力主要有投资和创新两种。若区域经济增长是投资驱动实现的，则投资成为实现区域经济增长的主要机制；若区域经济增长是创新驱动实现的，则创新成为实现区域经济增长的主要机制。实践证明，投资对区域经济增长产生的作用是暂时、低质量、不可持续的，创新对区域经济增长产生的作用是永久、高质量、可持续的。在一定时期，区域经济增长的动力，对高职教育与区域经济协同发展的增长机制具有重大影响。基于以上分析，提出 H2。

H2：区域经济发展促进进化机制发展。

3. 进化机制发展促进高职教育发展

高职教育与区域经济协同发展的进化机制影响高职教育发展。高职教育与区域经济协同发展的基因机制不同，则决定高职教育未来发展的因素也不同。就基因性质而言，高职教育与区域经济协同发展的基因既有源于高职院校的因素，也有源于企业的因素。高职教育与区域经济协同发展系统的基因成分中到底是以高职院校为主，还是以企业为主，取决于高职教育与区域经济协同发展的历史。高职教育与区域经济组合基因链中的基因组合机制科学，则会促进高职教育发展。

在高职教育与区域经济协同发展过程中，高职院校和企业搜索、选择合作伙伴的机制不同，对高职教育的影响也不同。出于自身利益，高职院校在选择合作伙伴时更加侧重于高职教育的发展，企业在选择合作伙伴时更加侧重于区域经济发展。以高职院校为主的选择机制产生高职教育与区域经济协同发展的一体化模式，高职教育的人才培养脱离市场，办学体制封闭单一。以企业为主的选择机制产生二元制模式或多元制模式，企业更多地参与高职教育，高职教育的人才培养接近市场，办学体制多样化。

就自主创新形式而言，原始创新是级别最高的自主创新形式，如果高职院校遵循原始创新机制，则创新难度大，创新成果质量高；集成创新和引进消化吸收再创新是级别稍低的自主创新形式，如果高职院校遵循集成创新机制和引进消化吸收再创新机制，则创新难度小、创新成果质量低，但上述两种自主创新形式要求高职院校与企业和其他有关机构进行合作。不同自主创新机制对高职院校的发展方向具有决定性作用。

高职院校坚持的增长机制不同，专业设置、人才培养的重点就不同。以投资驱动为导向的高职院校，多设置房地产、建筑、建材等专业，以向房地产、建筑、交通等行业培养技术、技能人才为目标。以创新驱动为导向的高职院校，多设置计算机、信息、新能源、新医药等专业，以向 IT、新能源、新医药等国家和地区战略性新兴产业培养人才为目标。基于以上分析，提出 H3。

H3：进化机制发展促进高职教育发展。

4. 区域经济发展促进高职教育发展

中国各区域的经济发展存在不平衡现象，区域经济发展水平的差异决定人才水平的差异，进而决定高职教育层次的差异。在长江三角洲和珠江三角洲地区，资本密集型和技术密集型的高新技术产业在近年得到快速发展，高新技术产业对员工的要求越来越高，高职教育培养的技术应用型人才逐渐向本科层次和研究生层次过渡。在中西部地区，经济发展水平还处于工业化早期，以劳动密集型的传统产业为主，对劳动者的文化素质和职业技能要求较低，高职教育培养的技术人才以专科层次为主。

中国各区域的产业发展存在不平衡现象，产业发展水平的差异决定了人才专业的差异，进而决定了高职教育专业结构的差异。由于资源禀赋的差异，各区域的产业具有区域性特征，如海南省的热带农业发达，内蒙古、西藏和新疆的畜牧业发达，黄河中下游和长江中下游的粮食种植业发达。不但三次产业之间的比例具有区域性特征，三次产业之间比例的变化也具有明显的区域性特征。高职教育的专业设置只有面向区域特色产业，才能发挥自己的比较优势。

区域经济发展状况影响高职学生就业方向。经济发展水平高的区域，对人才需求的数量大、质量高，为高职毕业生创造的就业机会多。经济发展水平低的区域，对各种人才的吸纳能力有限，高职毕业生的就业较为困难。根据有关高职院校统计，2010 年广东高职院校毕业生的就业率为88.9%，北京为 84.5%，四川为 64.6%，安徽为 61.64%，新疆为 60.8%（郭德怀，2014）。同时，区域经济发展状况影响高职院校毕业生的就业质量。调研结果表明，经济发达地区高职毕业生的工资待遇高、社会保障好、个人发展前景好，而经济落后地区高职毕业生的工资待遇低、社会保障差、个人发展前景也差。基于以上分析，提出 H4。

H4：区域经济发展促进高职教育发展。

5. 高职教育发展促进进化机制发展

决定高职教育与区域经济协同发展的基因既有源于区域经济的因素，也有源于高职教育的因素。高职教育发展将改变高职教育的基因结构，新基因将强化高职教育，特别是高职院校在高职教育与区域经济协同发展中的作用。自 20 世纪 80 年代以来，国内外高职教育的发展历史表明，高职教育的发展性质不同，对高职教育与区域经济协同发展的基因机制影响也不同。在规模发展阶段，高职教育积累的资源主要是学生、教学设施、实验设施等质量较低的基因要素；在内涵发展阶段，高职教育积累的资源主要是知识、技术、能力等质量较高的基因要素。

高职教育的发展，特别是高职教育的内涵发展，能够增强高职院校对高质量的高职人才和技术服务的供给，提高高职院校与区域经济合作的主动性。以高职院校为主的选择机制将提升与其需求相匹配的企业的地位和作用，不能接受高职院校人才和技术的企业则在发展中受到约束。高职教育发展改变高职教育与区域经济合作伙伴选择的规则，在高职教育与区域经济协同发展过程中，高职院校成为高职教育与区域经济合作的主导力量，技术和人才成为推动高职教育与区域经济协同发展的主导力量。

高职教育在不同发展阶段对创新机制的影响不同。在规模发展阶段，高职教育发展的动力主要是投资驱动。在内涵发展阶段，高职教育发展的动力主要是创新驱动。在规模发展阶段，高职院校对高职教育与区域经济协同发展的创新机制影响较小；在内涵发展阶段，高职院校对高职教育与区域经济协同发展的创新机制影响较大。

高职教育在不同发展阶段对增长机制的影响不同。在规模发展阶段，高职教育实现的发展只是规模上的增长，对区域经济的贡献主要是数量上的贡献。在内涵发展阶段，高职教育实现的发展是内涵上的增长，对区域经济的贡献主要是质量上的贡献。在规模发展阶段，高职教育发展对高职教育与区域经济协同发展的增长机制影响较小；在内涵发展阶段，高职教育发展对高职教育与区域经济协同发展的增长机制影响较大。基于以上分析，提出 H5。

H5：高职教育发展促进进化机制发展。

6. 进化机制发展促进区域经济发展

高职教育与区域经济协同发展的基因机制影响区域经济发展。在高职教育与区域经济协同发展过程中，通过利益博弈进入共同体基因链的基因的成分和组合方式，对区域经济发展具有重要影响。由于社会分工不同，在高职教育与区域经济共同体中，源于高职院校的基因主要是知识、技术、人才等无形要素，源于企业的基因主要是资本、产品、服务等有形要素，上述要素交易和组合的方式不同，既影响区域产业结构，也影响区域经济发展方向。

高职教育与区域经济协同发展的选择机制影响区域经济发展。出于自身利益，高职院校在选择合作伙伴时偏重于高职教育的发展，企业在选择合作伙伴时偏重于区域经济的发展。在高职教育与区域经济协同发展的不同时期，合作共同体的召集者和主动者也会不同。实践证明，健全市场机制，使高职院校与企业的合作按照市场规律进行，有利于区域经济的发展。

高职教育与区域经济协同发展的创新机制影响区域经济发展。一般而言，在三种自主创新形式中，原始创新机制对区域经济发展产生的作用最大，集成创新机制和引进消化吸收再创新机制对区域经济发展产生的作用相对较小。但在区域经济发展的不同阶段，三种自主创新机制对区域经济发展所起的作用也存在阶段适应性。适应区域经济发展阶段的自主创新机制，能够有效促进区域经济发展；反之，则会阻碍区域经济发展。

高职教育与区域经济协同发展的增长机制影响区域经济发展。高职教育与区域经济协同发展的增长机制不同，高职院校的专业设置、人才培养目标，以及区域产业结构就不同。投资驱动增长机制给区域经济带来的是规模增长，创新驱动增长机制给区域经济带来的是内涵增长。基于以上分析，提出 H6。

H6：进化机制发展促进区域经济发展。

二、研究方法

（一）量表设计

通过文献研究和对专家进行深度访谈，将高职教育与区域经济协同发展的进化机制划分为"高职教育""区域经济""进化机制"三个维度。问卷借鉴了国内学者杨娟娟（2014）、刘惠和苏益南（2014）和国外学者 Collins

等(2013)的研究成果。设置40个测量变量测量研究模型中的3个潜变量。为了保证量表的科学性，先将制作的问卷在30个被调查者中进行测试，结果显示量表的信度和效度都比较好。经过探索性因子分析发现，测量变量"高职教育体制""区域经济分布"因子得分值太低，最终从量表中删除这两个测量变量。修正后的问卷包括三部分：第一部分测量"高职教育"，共包括13个指标；第二部分测量"区域经济"，共包括13个指标；第三部分测量"进化机制"，共包括12个指标(见表2-1)。每个指标采用Likert五级评分法测量其值，1分代表"非常不同意"，2分代表"不同意"，3分代表"一般"，4分代表"同意"，5分代表"非常同意"。

表2-1　测量高职教育与区域经济协同发展模型的变量解释

序号	变量简称	变量描述
1	专业设置	高职教育专业设置影响区域经济发展
2	人才培养方式	高职教育人才培养方式影响区域经济发展
3	合作机制	高职院校与企业合作机制影响区域经济发展
4	发展水平	高职教育发展水平影响区域经济发展
5	技术服务	高职教育技术服务影响区域经济发展
6	师资结构	高职院校师资结构影响区域经济发展
7	院校布局	高职院校布局影响区域经济发展
8	人力资本投入	高职院校人力资本投入影响区域经济发展
9	人力资本产出	高职院校人力资本产出影响区域经济发展
10	科研投入	高职教育科研投入影响区域经济发展
11	评价方式	高职教育评价方式影响区域经济发展
12	教学内容	高职教育教学内容影响区域经济发展
13	继续教育	高职教育继续教育影响区域经济发展
14	产业结构	区域产业结构影响高职教育专业结构
15	科技投入	区域科技投入影响高职教育发展速度
16	科技产出	区域科技产出影响高职教育科研发展
17	经费投入方式	区域高职经费投入方式影响高职教育发展
18	管理模式	区域政府对高职教育的管理模式影响高职教育发展
19	合作模式	区域企业与高职院校的合作模式影响高职教育发展
20	经济增长总量	区域经济增长总量影响高职教育发展规模

续表

序号	变量简称	变量描述
21	就业结构	区域就业结构影响高职教育的专业结构
22	合作深度	区域企业与高职院校的合作深度影响高职教育发展
23	技术结构	区域技术结构影响高职教育科研结构
24	经济发展水平	区域经济发展水平影响高职教育的层次结构和发展速度
25	经济发展变化	区域经济发展变化影响高职教育变革
26	经济发展方向	区域经济发展方向影响高职教育发展方向
27	战略目标	战略目标影响高职教育与区域经济协同发展
28	区域文化	区域文化影响高职教育与区域经济协同发展
29	企业文化	企业文化影响高职教育与区域经济协同发展
30	院校领导	高职院校领导风格影响高职院校与区域企业的相互选择
31	企业领导	区域企业领导风格影响高职院校与区域企业的相互选择
32	员工素质	员工素质影响高职院校与区域企业的相互搜选
33	资源协同	高职院校与企业资源协同有利于高职教育与区域经济协同发展
34	制度协同	高职院校与企业制度协同有利于高职教育与区域经济协同发展
35	环境协同	高职院校与企业环境协同有利于高职教育与区域经济协同发展
36	人力资本积累	高职院校人力资本积累机制影响高职教育与区域经济协同发展
37	高职经费投入	高职经费投入机制影响高职教育与区域经济协同发展
38	高职科研产出	高职教育科研产出评价机制影响高职教育与区域经济协同发展

（二）数据获取

截至 2013 年 10 月，中国高职院校已经发展到 1266 所，招生和毕业人数已经占全国高校招生和毕业人数的一半以上，全国 31 个省份都有高职院校。通过文献、理论研究和对专家进行深度访谈，分别从吉林省、河南省、天津市选择 500 个样本，进行调研。基于地缘和业缘关系，本书从吉林省、河南省、天津市聘请熟悉业务的人员，帮助完成调研任务。研究人员设计、打印调查问卷，调研人员按照要求选择需要调研的高职院校、企业、政府等机构，发放问卷，回收问卷。研究人员将各地回收的问卷汇总之后，用相关软件进行分析。

本次调研共发放问卷 1500 份，其中因为数据缺失或者信息前后矛盾的作废问卷有 372 份，收回有效问卷 1128 份，有效回收率为 75.2%。就样本所属行业而言，本次成功调查的样本中，高职院校教师 329 人，占有效回收样本总数的 29.17%；企业工作人员 323 人，占有效回收样本总数的 28.63%；政府工作人员 281 人，占有效回收样本总数的 24.91%；高职院校学生 195 人，占有效回收样本总数的 17.29%。调查样本的结构与研究假设的结构基本一致，可以认为本次调查样本具有代表性。通过 Amos 软件对上述调研结果进行模拟，分析高职教育与区域经济协同发展的进化机制模型。

三、数据分析

（一）量表信度分析

信度反映测量结果的一致性和稳定性，信度越高表示测量结果越可信。一般用 Cronbach's α 系数表示量表的信度，信度系数越高表示量表的内在一致性越高。通过对高职教育与区域经济协同发展的进化机制量表进行信度分析发现，整个量表的 Cronbach's α 系数值为 0.801，高职教育、区域经济、进化机制的 Cronbach's α 系数值分别为 0.721、0.734、0.812。根据国外信度分析经验，信度系数 Cronbach's α 大于 0.7 表明量表具有较高的信度。信度计算结果表明，高职教育与区域经济协同发展的进化机制量表具有较好的信度（见表 2-2）。

表 2-2　高职教育与区域经济协同发展的进化机制模型各因子的信度

因子	Cronbach's α
整个量表	0.801
高职教育	0.721
区域经济	0.734
进化机制	0.812

（二）量表效度分析

通过对高职教育与区域经济协同发展的进化机制量表进行因子分析，并进行正交旋转发现，前三个因子对所有因子的贡献率达到79.82%，从量表中删除载荷较小的测量变量。在调整后的量表中，用"专业设置""人才培养""合作机制""发展水平""技术服务""师资结构""院校布局""人力资本投入""人力资本产出""高职科研投入""评价方式""教学内容""继续教育"13个测量变量测量潜变量"高职教育"。用"产业结构""区域科技投入""区域科技产出""经费投入方式""管理模式""合作模式""经济增长总量""就业结构""合作深度""技术结构""经济发展水平""经济发展变化""经济发展方向"13个测量变量测量潜变量"区域经济"。用"战略目标""区域文化""企业文化""院校领导""企业领导""员工素质""资源协同""制度协同""环境协同""人力资本积累""高职科研产出""高职经费投入"12个测量变量测量潜变量"进化机制"。调整后量表各指标在相应变量上的因子载荷均大于或接近0.5（见表2-3）。这说明高职教育与区域经济协同发展的进化机制量表具有较好的结构效度。

表2-3　高职教育与区域经济协同发展的进化机制测量变量旋转后的因子载荷阵

测量变量	公因子		
	高职教育	区域经济	进化机制
继续教育	0.543	0.231	-0.046
教学内容	0.593	0.228	-0.411
评价方式	0.620	-0.121	-0.344
高职科研投入	0.585	-0.143	-0.397
人力资本产出	0.577	0.359	0.111
人力资本投入	0.515	0.175	0.227
院校布局	0.568	0.297	-0.033
师资结构	0.487	-0.137	0.169
技术服务	0.479	0.343	0.006
发展水平	0.512	-0.330	-0.259

测量变量	公因子		
	高职教育	区域经济	进化机制
合作机制	0.557	−0.424	−0.017
人才培养	0.650	−0.309	0.426
专业设置	0.574	−0.074	0.268
经济发展方向	−0.074	0.574	0.268
经济发展变化	0.457	0.545	0.295
经济发展水平	0.391	0.515	−0.087
技术结构	0.275	0.570	0.357
合作深度	0.000	0.562	−0.116
产业结构	−0.503	0.509	0.235
区域科技投入	−0.442	0.549	0.247
区域科技产出	0.160	0.573	−0.327
经费投入方式	−0.166	0.485	−0.463
合作模式	0.426	0.557	0.012
管理模式	−0.132	0.499	0.287
经济增长总量	0.013	0.676	−0.057
就业结构	0.343	0.569	−0.058
企业文化	−0.107	0.207	0.681
院校领导	0.314	0.240	0.564
区域文化	0.203	−0.065	0.522
战略目标	0.395	−0.149	0.669
企业领导	−0.006	−0.406	0.630
员工素质	−0.344	−0.545	0.544
环境协同	−0.232	−0.100	0.545
人力资本积累	−0.143	−0.304	0.517
制度协同	−0.049	0.136	0.556
资源协同	0.014	0.136	0.670
高职科研产出	−0.274	0.370	0.419
高职经费投入	−0.027	0.274	0.498

（三）模型拟合度分析

拟合优度反映高职教育与区域经济协同发展的进化机制模型的可接受程度。假设高职教育对区域经济作用时的进化机制模型为模型1，区域经济对高职教育作用时的进化机制模型为模型2。经过多次拟合修正，检验模型1和模型2。通过对专家进行深度访谈，根据理论框架和假设模型选择最具代表性的 NA、RMSEA、NFI、CFI、IFI 几项指标对模型1和模型2进行检验。检验结果显示，上述几个指标均比较理想，说明模型1和模型2均具有较好的拟合优度（见表2-4）。

表 2-4　高职教育与区域经济协同发展的进化机制模型拟合指数

拟合指数	NA	RMSEA	NFI	CFI	IFI
标准值	（1~3）	<0.08	>0.90	>0.90	0.90
模型1	1.821	0.067	0.913	0.919	0.970
模型2	2.735	0.073	0.902	0.933	0.911

（四）模型路径分析

高职教育与区域经济协同发展的进化机制具有双向性，先用 Amos 软件对样本数据进行模拟，运行出高职教育作用于区域经济的进化机制模型（见图2-3）和区域经济作用于高职教育的进化机制模型（见图2-4）。

在高职教育对区域经济作用时的进化机制模型中，潜变量"高职教育"与"区域经济"、"区域经济"与"进化机制"、"进化机制"与"高职教育"之间的路径系数的临界比 C.R. 的绝对值均较大，而且伴随概率明显小于0.05，说明 H1、H2、H3 均得到支持。在区域经济作用于高职教育的进化机制模型中，潜变量"高职教育"与"进化机制"、"进化机制"与"区域经济"、"区域经济"与"高职教育"之间的路径系数的临界比 C.R. 的绝对值均较大，而且伴随概率明显小于 0.05，说明 H4、H5、H6 得到支持（见表2-5）。

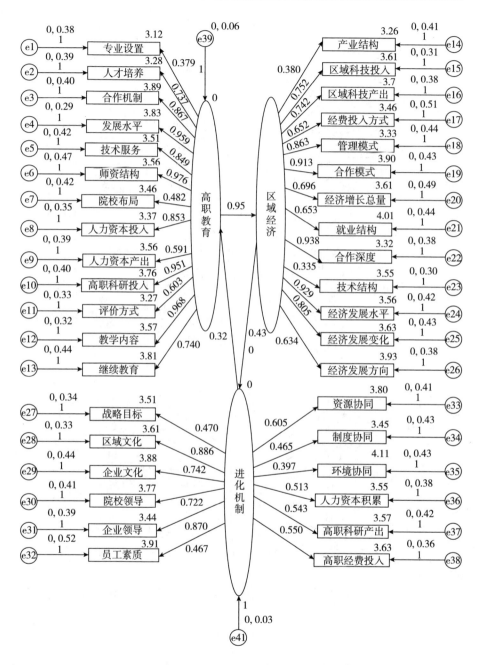

图 2-3 高职教育作用于区域经济的进化机制模型

高职教育与区域经济协同发展

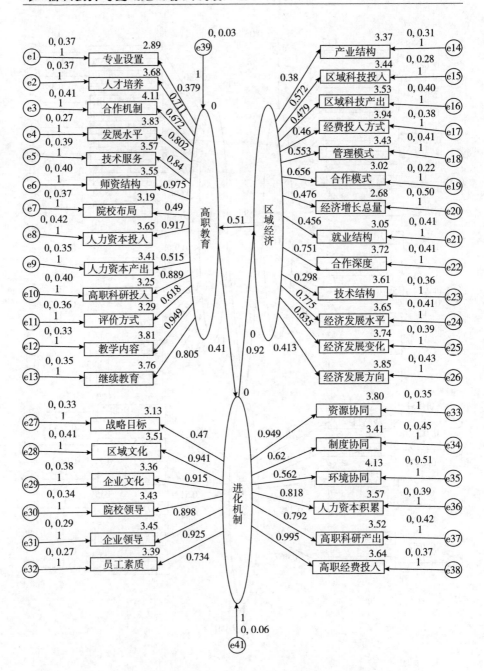

图 2-4　区域经济作用于高职教育的进化机制模型

· 56 ·

表 2-5　高职教育与区域经济协同发展的进化机制模型假设检验

理论假设	路径系数	C.R.	P	结论
H1	0.95	3.323	***	支持
H2	0.43	4.216	***	支持
H3	0.32	2.885	0.004	支持
H4	0.51	3.585	***	支持
H5	0.41	4.791	***	支持
H6	0.92	3.779	***	支持

注：***<0.01。

　　在高职教育与区域经济协同发展的进化机制模型各显变量与潜变量之间的回归系数估计中，各回归系数的临界比 C.R. 和伴随概率均符合检验要求。这说明在高职教育与区域经济协同发展的进化机制模型中，各显变量与潜变量之间的路径系数基本通过检验，能够反映高职教育与区域经济协同发展的进化机制模型各显变量与潜变量之间的关系（见表 2-6 和表 2-7）。

表 2-6　高职教育作用于区域经济的进化机制模型测量变量与
潜变量之间的参数估计值

测量变量	关系标识	潜变量	估计值	S.E.	C.R.	P
继续教育	<---	高职教育	0.740	0.369	2.005	***
教学内容	<---	高职教育	0.968	0.389	2.488	***
评价方式	<---	高职教育	0.603	0.339	1.779	***
高职科研投入	<---	高职教育	0.951	0.391	2.432	***
人力资本产出	<---	高职教育	0.591	0.330	1.791	0.002
人力资本投入	<---	高职教育	0.853	0.374	2.281	***
院校布局	<---	高职教育	0.482	0.313	1.540	0.001
师资结构	<---	高职教育	0.976	0.412	2.369	***
技术服务	<---	高职教育	0.849	0.361	2.352	***
发展水平	<---	高职教育	0.959	0.387	2.478	***
合作机制	<---	高职教育	0.867	0.373	2.324	***

续表

测量变量	关系标识	潜变量	估计值	S. E.	C. R.	P
人才培养	<---	高职教育	0.737	0.340	2.168	***
专业设置	<---	高职教育	0.379	—	—	—
经济发展方向	<---	区域经济	0.634	0.248	2.556	***
经济发展变化	<---	区域经济	0.805	0.283	2.845	***
经济发展水平	<---	区域经济	0.929	0.316	2.940	***
技术结构	<---	区域经济	0.335	0.207	1.618	0.002
合作深度	<---	区域经济	0.938	0.337	2.783	***
产业结构	<---	区域经济	0.380	—	—	—
区域科技投入	<---	区域经济	0.752	0.276	2.725	***
区域科技产出	<---	区域经济	0.742	0.274	2.708	***
经费投入方式	<---	区域经济	0.652	0.278	2.345	***
合作模式	<---	区域经济	0.913	0.302	3.023	***
管理模式	<---	区域经济	0.863	0.283	3.049	***
经济增长总量	<---	区域经济	0.696	0.274	2.540	***
就业结构	<---	区域经济	0.653	0.272	2.401	***
企业文化	<---	进化机制	0.742	0.290	2.559	***
院校领导	<---	进化机制	0.722	0.256	2.820	***
区域文化	<---	进化机制	0.886	0.320	2.769	***
战略目标	<---	进化机制	0.470	—	—	—
企业领导	<---	进化机制	0.870	0.255	3.412	***
员工素质	<---	进化机制	0.467	0.229	2.039	***
环境协同	<---	进化机制	0.397	0.202	1.965	0.014
人力资本积累	<---	进化机制	0.513	0.223	2.300	***
制度协同	<---	进化机制	0.465	0.214	2.173	***
资源协同	<---	进化机制	0.605	0.247	2.449	***
高职科研产出	<---	进化机制	0.543	0.235	2.311	***
高职经费投入	<---	进化机制	0.550	0.251	2.197	***

注：***<0.01。

表 2-7　区域经济作用于高职教育的进化机制模型测量变量与潜变量之间的参数估计值

测量变量	关系标识	潜变量	估计值	S.E.	C.R.	P
继续教育	<---	高职教育	0.805	0.319	2.524	***
教学内容	<---	高职教育	0.949	0.333	2.850	***
评价方式	<---	高职教育	0.618	0.300	2.060	***
高职科研投入	<---	高职教育	0.889	0.332	2.678	***
人力资本产出	<---	高职教育	0.515	0.292	1.764	***
人力资本投入	<---	高职教育	0.917	0.340	2.697	***
院校布局	<---	高职教育	0.490	0.268	1.828	***
师资结构	<---	高职教育	0.975	0.372	2.624	***
技术服务	<---	高职教育	0.840	0.316	2.658	***
发展水平	<---	高职教育	0.802	0.316	2.538	***
合作机制	<---	高职教育	0.672	0.298	2.255	***
人才培养	<---	高职教育	0.711	0.298	2.386	***
专业设置	<---	高职教育	0.379	—	—	—
经济发展方向	<---	区域经济	0.413	0.243	1.700	***
经济发展变化	<---	区域经济	0.635	0.292	2.175	***
经济发展水平	<---	区域经济	0.775	0.316	2.453	***
技术结构	<---	区域经济	0.298	0.201	1.483	0.003
合作深度	<---	区域经济	0.751	0.321	2.340	***
产业结构	<---	区域经济	0.380	—	—	—
区域科技投入	<---	区域经济	0.572	0.277	2.065	***
区域科技产出	<---	区域经济	0.479	0.262	1.828	***
经费投入方式	<---	区域经济	0.460	0.277	1.661	***
合作模式	<---	区域经济	0.656	0.302	2.172	***
管理模式	<---	区域经济	0.553	0.279	1.982	***
经济增长总量	<---	区域经济	0.476	0.268	1.776	***
就业结构	<---	区域经济	0.456	0.271	1.683	***
企业文化	<---	进化机制	0.915	0.235	3.874	***

测量变量	关系标识	潜变量	估计值	S. E.	C. R.	P
院校领导	<---	进化机制	0.898	0.219	4.110	***
区域文化	<---	进化机制	0.941	0.254	3.705	***
战略目标	<---	进化机制	0.470	—	—	—
企业领导	<---	进化机制	0.925	0.225	4.103	***
员工素质	<---	进化机制	0.734	0.209	3.513	***
环境协同	<---	进化机制	0.562	0.194	2.897	0.004
人力资本积累	<---	进化机制	0.818	0.200	4.091	***
制度协同	<---	进化机制	0.620	0.190	3.269	0.001
资源协同	<---	进化机制	0.949	0.235	4.308	***
高职科研产出	<---	进化机制	0.792	0.204	3.885	***
高职经费投入	<---	进化机制	0.995	0.229	4.346	***

注：*** <0.01。

通过高职教育与区域经济协同发展的进化机制模型（见图 2-3 和图 2-4）可以看出，在潜变量到潜变量的路径系数中，"高职教育"到"区域经济"的路径系数为 0.95，"区域经济"到"进化机制"的路径系数为 0.43，"进化机制"到"高职教育"的路径系数为 0.32；"区域经济"到"高职教育"的路径系数为 0.51，"高职教育"到"进化机制"的路径系数为 0.41，"进化机制"到"区域经济"的路径系数为 0.92。高职教育与区域经济协同发展的进化机制模型潜变量之间的路径系数表明，在高职教育与区域经济协同发展过程中，"高职教育"对"区域经济"的影响程度大于"区域经济"对"高职教育"的影响程度，"高职教育"对"进化机制"的影响程度大于"进化机制"对"高职教育"的影响程度，"进化机制"对"区域经济"的影响程度大于"区域经济"对"进化机制"的影响程度，"进化机制"对"区域经济"的影响程度大于对"高职教育"的影响程度。在高职教育与区域经济协同发展过程中，要促进区域经济发展，首先需要大力发展高职教育，其次需要优化高职教育与区域经济协同发展的进化机制。

在潜变量到测量变量的路径系数中，潜变量"高职教育"到测量变量"继续教育""教学内容""评价方式""高职科研投入""人力资本产出""人力资本投入""院校布局""师资结构""技术服务""发展水平""合作机制"
"人才培养""专业设置"的路径系数分别为 0.740、0.968、0.603、0.951、
0.591、0.853、0.482、0.976、0.849、0.959、0.867、0.737、0.379，测量变
量"师资结构"对潜变量"高职教育"影响的程度最大，测量变量"专业设
置"对潜变量"高职教育"影响的程度最小(见图 2-5)。按照对潜变量"高职
教育"影响的程度从大到小，各测量变量依次为"师资结构""教学内容"
"发展水平""高职科研投入""合作机制""人力资本投入""技术服务""继
续教育""人才培养""评价方式""人力资本产出""院校布局""专业设置"。
"高职教育"到各测量变量的路径系数排序结果显示，在高职教育与区域经
济协同发展过程中，促进高职教育发展，需要按照测量变量的重要程度，
在"师资结构""教学内容""发展水平""高职科研投入"等方面重点配置
资源。

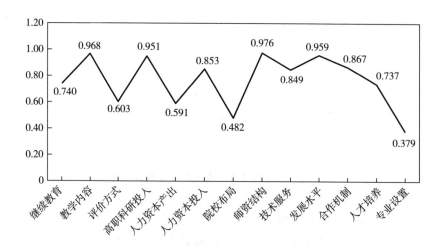

图 2-5　高职教育各测量变量路径系数差异

潜变量"区域经济"到测量变量"经济发展方向""经济发展变化""经济
发展水平""技术结构""合作深度""产业结构""区域科技投入""区域科技
产出""经费投入方式""合作模式""管理模式""经济增长总量""就业结
构"的路径系数分别为 0.634、0.805、0.929、0.335、0.938、0.380、0.752、
0.742、0.652、0.913、0.863、0.696、0.653，测量变量"合作深度"对潜变
量"区域经济"影响的程度最大，测量变量"技术结构"对潜变量"区域经

济"影响的程度最小(见图 2-6)。按照对潜变量"区域经济"贡献的程度从大到小,各测量变量依次为"合作深度""经济发展水平""合作模式""管理模式""经济发展变化""区域科技投入""区域科技产出""经济增长总量""就业结构""经费投入方式""经济发展方向""产业结构""技术结构"。"区域经济"到各测量变量的路径系数排序结果显示,在高职教育与区域经济协同发展过程中,促进区域经济发展,需要按照测量变量的重要程度,在"合作深度""经济发展水平""合作模式""管理模式"等方面重点配置资源。

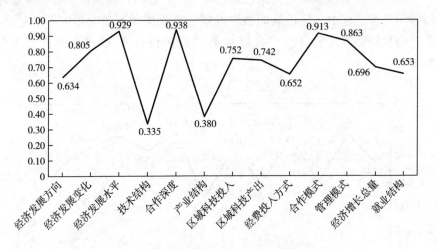

图 2-6 区域经济各测量变量路径系数差异

潜变量"进化机制"到测量变量"企业文化""院校领导""区域文化""战略目标""企业领导""员工素质""环境协同""人力资本积累""制度协同""资源协同""高职科研产出""高职经费投入"的路径系数分别为 0.742、0.722、0.886、0.470、0.870、0.467、0.397、0.513、0.465、0.605、0.543、0.550,测量变量"区域文化"对潜变量"进化机制"影响的程度最大,测量变量"环境协同"对潜变量"进化机制"影响的程度最小(见图 2-7)。按照对潜变量"进化机制"贡献的程度从大到小,各测量变量依次为"区域文化""企业领导""企业文化""院校领导""资源协同""高职经费投入""高职科研产出""人力资本积累""战略目标""员工素质""制度协同""环境协同"。"进化机制"到各测量变量的路径系数排序结果显示,在高职教育与区域经济协同发展过程中，通过优化进化机制促进高职教育与区域经济协同发展，需要按照测量变量的重要程度在"区域文化""企业领导""企业文化""院校领导"等方面优先采取措施。

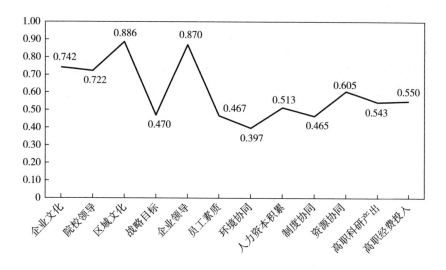

图2-7 进化机制各测量变量路径系数差异

 本章小结

  高职教育与区域经济协同发展的进化机制包括基因机制、选择机制、变异机制、增长机制等。进化机制对高职教育与区域经济协同发展产生作用是通过高职教育作用于区域经济和区域经济作用于高职教育两个方向实现的。在高职教育与区域经济协同发展的进化机制模型中，高职教育对区域经济作用的程度大于区域经济对高职教育作用的程度，进化机制对区域经济产生的作用大于对高职教育产生的作用，区域经济对进化机制产生的作用大于高职教育对进化机制产生的作用，即在高职教育与区域经济协同发展的进化机制模型中，进化机制与区域经济的相互作用程度大于进化机制与高职教育相互作用的程度。在高职教育与区域经济协同发展过程中，要促进区域经济发展，首先需要大力发展高职教育，其次需要优化高职教育与区域经济协同发展的进化机制。同时，在高职教育与区域经济协同发展过程中，促进高职教育发展，需要按照测量变量的重要程度，在"师资结构""教学内容""发展水平""高职科研投入"等方面重点配置资源；促进区域经济发展，需要按照测量变量的重要程度，在"合作深度""经济发展水平""合作模式""管理模式"等方面重点配置资源；通过优化进化机制促进高职教育与区域经济协同发展，需要按照测量变量的重要程度，在"区域文化""企业领导""企业文化""院校领导"等方面优先采取措施。

第三章
高职教育与区域经济协同发展的基因机制

国内外高职教育与区域经济发展实践表明，高职教育与区域经济协同发展，是许多区域高职教育和经济发达的关键（Moodie, 2012；Farias and Sevilla, 2015；Doloswala et al., 2013）。进入 21 世纪以来，我国高职院校由 2001 年的 386 所增长到 2012 年的 1297 所，高职院校招生人数由 2001 年的 665599 人增长到 2012 年的 3147762 人。全国各省 GDP 增长率也以平均两位数的速度迅猛发展。全国各省市高职教育与区域经济均迎来良好的发展势头，在互相促进中协同发展（见表 3-1）。

表 3-1　中国各地区高职教育年增长率及高职教育对区域经济贡献率

地区	高职教育年增长率(%)	区域经济年增长率(%)	地区	高职教育年增长率(%)	区域经济年增长率(%)
北京	0.104	15.97	河南	0.060	18.34
天津	0.041	19.67	湖北	0.047	17.46
河北	0.051	16.70	湖南	0.052	17.86
山西	0.058	18.20	广东	0.049	16.66
内蒙古	0.051	26.07	广西	0.084	17.49
辽宁	0.055	15.87	海南	0.036	15.06
吉林	0.058	17.61	重庆	0.061	18.7
黑龙江	0.058	13.16	四川	0.060	17.03
上海	0.076	14.83	贵州	0.045	17.91
江苏	0.040	18.37	云南	0.064	15.14
浙江	0.061	16.36	陕西	0.049	20.31
安徽	0.057	16.26	甘肃	0.028	15.61
福建	0.047	15.53	青海	0.018	18.14
江西	0.049	17.77	宁夏	0.028	20.21
山东	0.057	18.69	新疆	0.037	15.07

资料来源：张佳. 高等职业教育对区域经济发展贡献的实证分析[J]. 职业技术教育，2014，35(10)：45-50；2002~2012 年《中国统计年鉴》。

支配高职教育与区域经济协同发展的因素是什么？这些因素是如何影响高职教育与区域经济协同成长的？为破解高职教育与区域经济协同"成长之谜"，国内外学者进行了大量理论和经验研究。在众多研究中，从动态均衡视角进行的仿生演化研究具有重要的影响力。特别是自遗传 DNA 双螺旋结构发现以来，经济仿生研究进入前所未有的基因研究时代。然而，上述研究成果多是从企业角度研究企业成长的规律，难以对高职教育与区域经济协同发展的基因机制做出解释。

基于以上现实和理论背景，需要遵循仿生研究路径将高职教育与区域经济协同发展视为生命过程，以调研数据为基础，运用理论和实证研究相结合的方法，对高职教育与区域经济协同发展的基因机制进行深入研究。

一、高职教育与区域经济协同发展的基因模型

（一）基因结构特点

社会科学领域的基因概念源于生物学和生命科学。自基因概念应用于社会科学领域以来，基因结构的特点表现在双链要素、碱基要素、遗传性与变异性三个方面。

1. 双链要素

两个基因链是构成基因的核心要素，是碱基按照一定顺序排列形成的核苷酸组合，位于基因的外侧。基因的遗传信息存在于双链上，双链结构只有互相匹配、互相补充，才能保证基因在复制过程中的遗传，从而形成两个子代基因。互补性是两个基因链形成的重要条件，也是基因不断重新组合实现遗传和变异的重要条件。

2. 碱基要素

四个碱基腺嘌呤 A、鸟嘌呤 G、胸腺嘧啶 T、胞嘧啶 C 是组成基因的

基本要素，位于基因的内侧。对于生物基因而言，碱基是组成基因的不可再分的、最基本的组成要素(Fletcher et al.,2010)。自基因概念被应用于社会科学研究以来，有些碱基不可再分，有些碱基可以进一步分解(张玉明、张会荣,2013;周晖,2010)。碱基的排列顺序不同，决定基因的内涵信息也不同。

3. 遗传性与变异性

基因作为构成生命的基本单位，集中了亲代基本的信息。只有保证基因的复制和遗传，才能保证生命在一定时期的稳定性。同时，由于基因在组合过程中不断变化，生命体在与环境相互作用过程中，有些基因也在不断变化，基因只有不断变异，才能保证与环境相适应，与其他相关生命体相适应；才能不断实现基因的自我优化或弱化。

（二）基因模型构建

1. 量表设计

通过文献(吕秋颖,2013;Baskin,2000;葛成飞、杨忠惠,2014)研究和对专家进行深度访谈，用"技术员工""技术""信息""资本""伦理道德""战略目标""管理方式""企业家""高职教师""高职教育制度""区域经济制度""区域文化""企业文化"13个指标测量"高职教育与区域经济协同发展基因"。每个指标采用 Likert 五级评分法测量其值，1 分代表"非常不同意"，2 分代表"不同意"，3 分代表"一般"，4 分代表"同意"，5 分代表"非常同意"。

2. 数据获取

在样本选取方面，从中国 31 省份中选择吉林省、江苏省、河南省、陕西省作为样本省份，吉林省和江苏省属于东部地区，河南省属于中部地区，陕西省属于西部地区。基于地缘和业缘关系，本书从吉林省、江苏省、河南省、陕西省聘请熟悉业务的人员，帮助完成调研任务。研究人员设计、打印调查问卷，调研人员按照要求选择需要调研的高职院校、企业、政府等机构，发放问卷，回收问卷。研究人员将各地回收的问卷汇总之后，用相关软件进行分析。

分别从吉林省、江苏省、河南省、陕西省选择 500 个样本，进行调研。本次调研共发放问卷 2000 份，其中因为数据缺失或者信息前后矛盾的作废问卷有 619 份，收回有效问卷 1381 份，有效回收率为 69.05%。就所属地区而言，本次成功调查的样本中，吉林省 338 人，占有效回收问卷总数的24.48%；江苏省 343 人，占有效回收问卷总数的 24.84%；河南省 342 人，占有效回收问卷总数的 24.76%；陕西省 358 人，占有效回收问卷总数的25.92%。

就样本所属行业而言，本次成功调查的样本中，高职院校教师 278 人，占有效回收问卷总数的 20.13%；企业工作人员 308 人，占有效回收问卷总数的 22.30%；政府工作人员 234 人，占有效回收问卷总数的 16.94%；高职院校学生 261 人，占有效回收问卷总数的 18.90%。调查样本的结构从地区和所属行业上都与研究假设的结构基本一致，可以认为本次调查样本具有代表性。

3. 基因模型

通过 KMO 和 Bartlett 检验发现，KMO 统计量为 0.697，大于最低标准 0.5，适合做因子分析。Bartlett 球形检验拒绝单位相关矩阵的原假设，P<0.001，适合做因子分析。

通过因子分析发现，前 6 个主成分的特征值大于 1，它们的累计贡献率达到了 83%，所以选取前 6 个公因子，作为高职教育与区域经济协同发展的基因。公因子方差比结果显示，每个指标变量的共性方差大部分在0.5 以上，说明这 6 个公因子能够较好地反映原始各项指标变量的大部分信息。

通过正交旋转得到各个变量的因子得分矩阵。矩阵得分结果显示，指标"技术员工""企业家""高职教师"在公因子 F1 上有较大载荷，指标"技术"在公因子 F2 上有较大载荷，指标"资本"在公因子 F3 上有较大载荷，指标"高职教育制度""区域经济制度""区域文化""企业文化"在公因子 F4上有较大载荷。所以，公因子 F1 可以称为人才因子，公因子 F2 可以称为技术因子，公因子 F3 可以称为资本因子，公因子 F4 可以称为文化因子（见表 3-2）。

表3-2 旋转后的协同发展基因要素因子矩阵

因子	公因子			
	F1	F2	F3	F4
技术员工	0.543	0.531	−0.046	0.452
技术	0.228	0.591	−0.411	0.057
信息	0.220	−0.121	−0.344	−0.148
资本	−0.397	−0.143	0.580	0.034
伦理道德	0.277	0.359	0.111	−0.021
战略目标	0.115	0.175	0.027	−0.620
管理方式	0.168	0.297	−0.033	−0.437
企业家	0.787	−0.137	0.169	0.309
高职教师	0.809	0.343	0.006	0.263
高职教育制度	0.136	−0.530	−0.259	0.512
区域经济制度	−0.214	−0.424	−0.017	0.557
区域文化	0.207	−0.309	0.426	0.650
企业文化	0.181	−0.074	0.568	0.573

在人才因子中，高职教师（Scientist，简称 S）、企业家（Entrepreneur，简称 E）因子得分值最高，说明这两个因子在所有因子中最重要，将这两个因子从人才因子中抽出来，作为高职教育与区域经济协同发展基因的两条链；技术（Technology，简称 T_1）、资本（Capital，简称 C_1）、技术员工（Technical Staff，简称 T_2）、区域文化（Culture，简称 C_2）四个因子的得分值分别为 0.591、0.580、0.543、0.650，虽然超过 0.5，但比高职教师 0.809 和企业家 0.787 两个因子的得分值低，将这四个因子作为高职教育与区域经济协同发展基因的四个碱基。由此可以构建图 3-1 所示的高职教育与区域经济协同发展的基因模型。

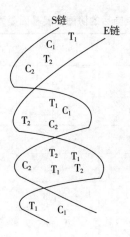

图 3-1　高职教育与区域经济协同发展的基因模型

（三）基因模型分析

从高职教育与区域经济协同发展基因模型可以看出，高职教师（S）和企业家（E）是高职教育与区域经济协同发展基因的核心双链，两者决定了高职教育与区域经济协同发展的主要特征和功能，是高职教育与区域经济协同发展的两个车轮，推动高职教育与区域经济协同发展。高职教师作为高等职业教育的主体，同时肩负着培养人才和高职科研两项艰巨任务。就高职技术而言，高职教师是高职技术知识的核心创造者。高职教师作为高职教育与区域经济协同发展基因链的一个主链，其素质和结构直接决定着高职院校的科研产出。企业是区域经济发展的主体，是区域财富的重要创造者。企业家直接接触市场，往往是技术机会的最先发现者，对高职技术的产业化、商业化负有重要责任。只有高职教师（S）与企业家（E）结合，才能实现技术与市场的有效结合，才能促进高职教育与区域经济的协同发展。

四个碱基技术（T_1）、资本（C_1）、技术员工（T_2）、文化（C_2）依附于高职教师（S）和企业家（E）两个主链资源，相互结合。高职教师（S）研发的技术（T_1）需要变成企业产品中内嵌的技术（T_1），才能将技术（T_1）碱基转变为生产力。企业对技术（T_1）的应用又促进新技术（T_1）碱基的产生。高职教师(S)从事人才培养和科研需要资本(C_1)投入，资本(C_1)主要源于企业和政府，充足的资本(C_1)投入能够促进高职人才培养和科研产出，匮乏的资本(C_1)投入则会对高职人才培养和科研产出产生不良影响。高职院校培养的技术人员(T_2)需要转化为企业的技术员工(T_2)，才能促进区域经济发展，区域就业状况对高职院校的人才培养具有反馈作用。文化是高职院校和区域经济协同发展的规则，高职院校文化和企业文化相互交融形成高职教育与区域经济协同发展的文化基因，高职教师(S)和企业家(E)是高职院校文化和企业文化的关键塑造者，他们联合塑造的协同发展文化基因对技术(T_1)、资本(C_1)、技术员工(T_2)三个碱基，以及技术专家(S)和企业家(E)自身发展都起着约束或促进作用。技术(T_1)、资本(C_1)、技术员工(T_2)、文化(C_2)四个碱基相互配对，为高职教育与区域经济协同发展基因的遗传和变异提供了可能性，高职教育与区域经济协同发展基因决定高职教育与区域经济协同发展的特性和活动，进一步影响高职教育与区域经济的协同发展。

二、高职教育与区域经济协同发展的基因形成

（一）研究假设

1. 高职教育基因决定高职教育与区域经济协同发展基因

高职教育与区域经济协同发展系统是由高职教育与区域经济共同构成的一个有机体，高职教育是高职教育与区域经济协同发展系统的一个组成部分。高职教育基因蕴藏在高职院校师生中，以教学、科研、合作等活动形式表现出来，决定高职院校持续的、健康的发展。

在教学活动方面，专业设置、培养方式、教学内容、师资结构等因素构成高职教育的教学基因，决定着高职毕业生和企业技术员工的质量。在科研活动方面，科研投入、科研成果、服务方式、评价方式等因素构成高职教育的科研基因，决定着高职院校的科研产出和高职教育能够为企业提

供的技术。在高职院校与企业合作方面，合作机制、院校布局、服务方式等因素构成校企合作基因，决定着高职院校与区域企业合作的规则，以及高职教育与区域经济合作的规则。

高职教育的教学基因专业设置、培养方式、教学内容、师资结构等因素对高职教育与区域经济协同发展的技术员工、高职教师、企业家等人才因素具有决定作用。高职教育的科研基因科研投入、科研成果、服务方式、评价方式等因素对高职教育与区域经济协同发展的技术因素具有决定作用。高职教育的合作机制、院校布局、服务方式等因素对高职教育与区域经济协同发展的资本、文化等因素具有决定作用。基于以上分析，提出 H1。

H1：高职教育基因决定高职教育与区域经济协同发展基因。

2. 区域经济基因决定高职教育与区域经济协同发展基因

作为高职教育与区域经济协同发展有机体的另一半，对高职教育提供的技术和人才起着接收作用。区域经济基因蕴藏在企业高管和员工中，以研发、经营、合作等活动形式表现出来，决定着区域经济的可持续发展。

在产品研发方面，区域经济的产品结构、研发投入、企业产值、技术需求等因素构成区域经济的研发基因，对高职教育提供的技术成果起着接收作用。高职教育提供的科研成果，只有通过企业变成产品，并提供给消费者，才能实现科研成果的商业化、产业化。在经营方面，区域经济的市场需求、发展方式等因素构成区域经济的经营基因，对高职教育与区域经济发展过程起着决定作用。在合作方面，区域经济的合作模式、合作深度等因素构成区域经济的合作基因，决定着高职院校与企业合作的深度。

区域研发基因产品结构、研发投入、企业产值、技术需求等对高职教育与区域经济协同发展的技术因素具有决定作用。区域经营基因市场需求、发展方式等因素对高职教育与区域经济协同发展的技术员工、企业家、高职教师等人才因素具有决定作用。区域合作基因合作模式、合作深度对高职教育与区域经济协同发展的资本、文化等因素具有决定作用。基于以上分析，提出 H2。

H2：区域经济基因决定高职教育与区域经济协同发展基因。

将 H1、H2 结合起来，形成高职教育与区域经济协同发展基因形成的研究模型（见图 3-2）。

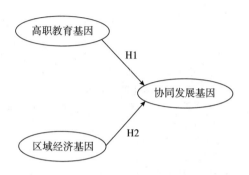

图 3-2 高职教育与区域经济协同发展基因形成的研究模型

（二）研究设计

1. 量表设计

在高职教育与区域经济协同发展基因形成研究模型中，共有"高职教育基因""区域经济基因""协同发展基因"三个潜变量。为测量这三个潜变量之间的假设关系，设计了 28 个测量变量。其中，测量"协同发展基因"的测量变量"技术""资本""技术员工""企业家""高职教师""文化"源于构建高职教育与区域经济协同发展基因模型时的调研结果。为保证问卷质量，先将制作的问卷在 30 个被调查对象中进行测试，并对调研结果进行探索性因子分析。分析结果显示，测量变量的"技术存量""发展水平""经济总量""经济变迁""经费分配"因子得分分值较低，从量表中删除上述 5 个变量。修正后的问卷包括三部分，第一部分测量"高职教育基因"，共 11 个指标；第二部分测量"区域经济基因"，共 11 个指标；第三部分测量"协同发展基因"，共 6 个指标（见表 3-3）。每个指标采用五点李克特（Likert）法测量其值，1 分代表"非常不同意"，2 分代表"不同意"，3 分代表"一般"，4 分代表"同意"，5 分代表"非常同意"。

表 3-3　测量高职教育与区域经济协同发展基因形成的变量

序号	变量简称	变量描述
HE1	专业设置	高职教育专业设置影响高职教育与区域经济协同发展
HE2	培养方式	高职教育人才培养方式影响高职教育与区域经济协同发展
HE3	合作机制	高职院校与企业合作机制影响高职教育与区域经济协同发展
HE4	科研成果	高职院校的科研成果影响高职教育与区域经济协同发展
HE5	服务方式	高职教育技术服务方式影响高职教育与区域经济协同发展
HE6	师资结构	高职院校师资结构影响高职教育与区域经济协同发展
HE7	院校布局	高职院校布局影响高职教育与区域经济协同发展
HE8	高职毕业生	高职院校的高职毕业生影响高职教育与区域经济协同发展
HE9	科研投入	高职教育科研投入影响高职教育与区域经济协同发展
HE10	评价方式	高职教育评价方式影响高职教育与区域经济协同发展
HE11	教学内容	高职院校教育教学内容影响高职教育与区域经济协同发展
RE1	产品结构	区域产品结构影响高职教育与区域经济协同发展
RE2	研发投入	区域研发投入影响高职教育与区域经济协同发展
RE3	企业产值	区域企业产值影响高职教育与区域经济协同发展
RE4	企业员工	区域企业员工影响高职教育与区域经济协同发展
RE5	企业区位	企业区位影响高职教育与区域经济协同发展
RE6	合作模式	区域企业与高职院校的合作模式影响高职教育与区域经济协同发展
RE7	经济发展方式	区域经济发展方式影响高职教育与区域经济协同发展
RE8	企业高管	区域企业高管影响高职教育与区域经济协同发展
RE9	合作深度	区域企业与高职院校的合作深度影响高职教育与区域经济协同发展
RE10	技术需求	区域技术需求影响高职教育与区域经济协同发展
RE11	市场需求	区域市场需求影响高职教育与区域经济协同发展
HR1	技术	技术是高职教育与区域经济协同发展基因
HR2	资本	资本是高职教育与区域经济协同发展基因
HR3	技术员工	技术员工是高职教育与区域经济协同发展基因
HR4	企业家	企业家是高职教育与区域经济协同发展基因
HR5	高职教师	高职教师是高职教育与区域经济协同发展基因
HR6	文化	文化是高职教育与区域经济协同发展基因

2. 数据获取

在问卷调查方面，高职教育与区域经济协同发展基因形成问卷的调查，和前面高职教育与区域经济协同发展基因的问卷调查集中在一起进行。样本地区选取也选择吉林省、江苏省、河南省、陕西省作为样本省份，样本人群选取也选择高职院校教师、企业员工、公务员、高职学生作为调查样本。最终调查样本的地区结构和人群结构与假设基本一致，可以认为本次调查样本具有代表性。

（三）模型检验

1. 信度分析

通过对高职教育与区域经济协同发展基因形成量表进行信度分析发现，整个量表的 Cronbach'a 系数值为 0.759，高职教育基因、区域经济基因、协同发展基因的 Cronbach'a 系数值分别为 0.881、0.819、0.713。这说明设计的量表具有较好的信度。

2. 效度分析

通过对高职教育与区域经济协同发展基因形成模型各测量变量进行因子分析，并进行正交旋转发现，前三个因子对所有因子的贡献率达到 78.9%，说明这三个公因子能够较好地反映原始指标标量的大部分信息。

因子分析后从量表中删除载荷较小的测量变量。最终用"专业设置""培养方式""合作机制""科研成果""服务方式""师资结构""院校布局""高职毕业生""科研投入""评价方式""教学内容"11 个指标测量"高职教育基因"。用"产品结构""研发投入""企业产值""企业员工""企业区位""合作模式""发展方式""技术员工""合作深度""企业高管""市场需求"11 个指标测量"区域经济基因"。用"技术""资本""技术员工""企业家""高职教师""文化"6 个指标测量"协同发展基因"。各测量指标在相应变量上的因子载荷均大于或接近 0.5，说明高职教育与区域经济协同发展基因形成量表中各潜变量的结构效度良好。

3. 拟合优度分析

运行高职教育与区域经济协同发展基因形成模型，运行结果显示，主要拟合度指标中 GFI 为 0.912，SRMR 为 0.471，RMSEA 为 0.023，NFI 为 0.927，CFI 为 0.947。主要拟合优度指标的估计值基本符合要求，说明高职教育与区域经济协同发展基因形成模型较好地拟合了样本数据。

（四）模型分析

通过用 Amos 软件对样本数据进行模拟，运行出高职教育与区域经济协同发展基因形成模型(见图3-3)。

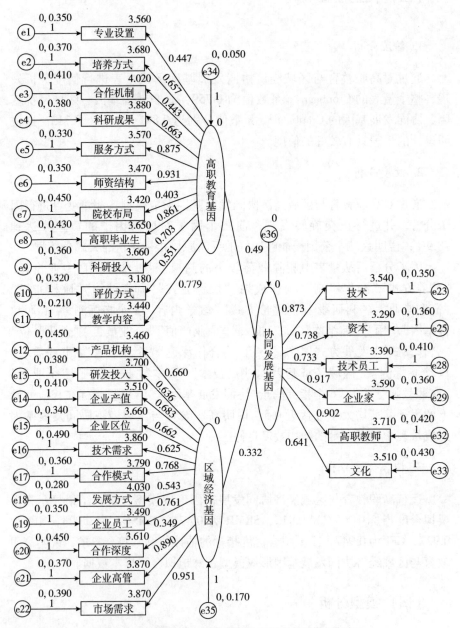

图3-3 高职教育与区域经济协同发展基因形成模型

1. 潜变量之间的关系分析

通过对高职教育与区域经济协同发展基因形成模型潜变量之间的模拟参数进行检验可知,潜变量"高职教育基因"与"协同发展基因"和"区域经济基因"与"协同发展基因"之间的路径系数分别为 0.490 和 0.332,两个路径系数的临界比和伴随概率都符合要求,说明 H1、H2 得到支持(见表 3-4),即高职教育基因和区域经济基因决定高职教育与区域经济协同发展基因,且"高职教育基因"对"协同发展基因"的决定程度为 0.490,"区域经济基因"对"协同发展基因"的决定程度为 0.332。

表 3-4　高职教育与区域经济协同发展基因形成模型假设检验

理论假设	路径系数	C.R.	P	结论
H1	0.490	3.474	***	支持
H2	0.332	3.442	***	支持

2. 潜变量与测量变量之间的关系分析

通过高职教育与区域经济协同发展基因形成模型可以看出,在潜变量到测量变量的路径系数中,潜变量"高职教育基因"到各测量变量的系数值相对较大,说明"高职教育基因"各测量变量对其测量效果比较明显;潜变量"区域经济基因""协同发展基因"到各测量变量的路径系数相对较小,说明"区域经济基因""协同发展基因"各测量变量对其测量变量的影响程度相对较弱(见表 3-5)。

表3-5   主要测量变量与潜变量之间的参数估计

测量变量	关系标识	潜变量	估计值	S. E.	C. R.	P
协同发展基因	<---	区域经济基因	0.332	0.096	3.442	***
协同发展基因	<---	高等教育基因	0.490	0.141	3.474	***
师资结构	<---	高等教育基因	0.931	0.326	2.856	***
院校布局	<---	高等教育基因	0.403	0.223	1.807	0.003
高职毕业生	<---	高等教育基因	0.861	0.287	3.000	***
科研投入	<---	高等教育基因	0.703	0.277	2.538	***
评价方式	<---	高等教育基因	0.551	0.257	2.144	***
教学内容	<---	高等教育基因	0.779	0.272	2.864	***
服务方式	<---	高等教育基因	0.875	0.284	3.081	***
科研成果	<---	高等教育基因	0.663	0.265	2.502	***
合作机制	<---	高等教育基因	0.443	0.239	1.854	***
培养方式	<---	高等教育基因	0.657	0.257	2.556	***
专业设置	<---	高等教育基因	0.447	—	—	—
合作模式	<---	区域经济基因	0.768	0.204	3.765	***
技术需求	<---	区域经济基因	0.625	0.191	3.272	***
企业区位	<---	区域经济基因	0.662	0.187	3.540	***
企业产值	<---	区域经济基因	0.683	0.184	3.172	***
研发投入	<---	区域经济基因	0.636	0.179	3.553	***
产品结构	<---	区域经济基因	0.660	—	—	—
发展方式	<---	区域经济基因	0.543	0.174	3.121	***
企业员工	<---	区域经济基因	0.761	0.197	3.863	***
合作深度	<---	区域经济基因	0.349	0.141	2.475	0.002
企业高管	<---	区域经济基因	0.890	0.222	4.009	***
市场需求	<---	区域经济基因	0.951	0.217	4.382	***
技术员工	<---	协同发展基因	0.773	0.247	3.130	***
企业家	<---	协同发展基因	0.917	0.284	3.229	***
高职教师	<---	协同发展基因	0.902	0.267	3.378	***
文化	<---	协同发展基因	0.641	0.222	2.887	***
资本	<---	协同发展基因	0.738	0.240	3.075	***
技术	<---	协同发展基因	0.873	—	—	—

在潜变量"高职教育基因"到各个测量变量的路径系数中，潜变量"高职教育基因"到测量变量"师资结构""院校布局""高职毕业生""科研投入""评价方式""教学内容""服务方式""科研成果""合作机制""培养方式""专业设置"的路径系数分别为0.931、0.403、0.861、0.703、0.551、0.779、0.875、0.663、0.443、0.657、0.447，测量变量"师资结构"对潜变量"高职教育基因"的贡献程度最大，测量变量"院校布局"对潜变量"高职教育基因"的贡献程度最小（见图3-4）。按照对"高职教育基因"贡献的程度由大到小排列，各测量变量依次为"师资结构""服务方式""高职毕业生""教学内容""科研投入""科研成果""培养方式""评价方式""专业设置""合作机制""院校布局"。"高职教育基因"到各测量变量的路径系数排序结果显示，要强化"高职教育基因"在高职教育与区域经济协同发展基因中的作用，需要在"师资结构""服务方式""高职毕业生""教学内容"等方面有重点地配置资源。

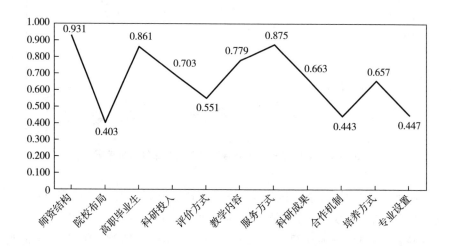

图3-4　高职教育基因到各测量变量的路径系数差异

在潜变量"区域经济基因"到各测量变量的路径系数中，潜变量"区域经济基因"到测量变量"合作模式""技术需求""企业区位""企业产值""研发投入""产品结构""发展方式""企业员工""合作深度""企业高管""市场需求"的路径系数分别为0.768、0.625、0.662、0.683、0.636、0.660、0.543、0.761、0.349、0.890、0.951，测量变量"市场需求"对潜变量"区域经济基因"的贡献程度最大，测量变量"合作深度"对潜变量"区域经济基因"的贡献程度最小（见图3-5）。按照对"区域经济基因"贡献的程度由大到小排列，各测量变量依次为"市场需求""企业高管""合作模式""企业员工""企业产值""企业区位""产品结构""研发投入""技术需求""发展方式""合作深度"。"区域经济基因"到各测量变量的路径系数排序结果显示，要强化"区域经济基因"在高职教育与区域经济协同发展基因中的作用，需要在"市场需求""企业高管""合作模式""企业员工"等方面有重点地配置资源。

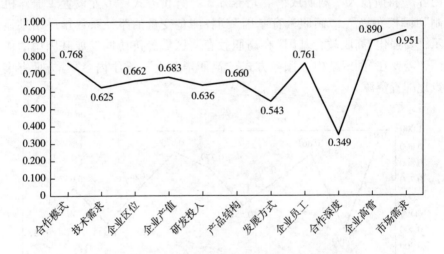

图3-5　区域经济基因到各测量变量的路径系数差异

在潜变量"协同发展基因"到各测量变量的路径系数中，潜变量"协同发展基因"到测量变量"技术员工""企业家""高职教师""文化""资本""技术"的路径系数分别为0.773、0.917、0.902、0.641、0.738、0.873，测量变量"企业家"对潜变量"协同发展基因"贡献的程度最大，测量变量"文化"对潜变量"协同发展基因"贡献的程度最小（见图3-6）。按照对"协同发展基因"贡献的程度由大到小排列，各测量变量依次为"企业家""高职教师""技术""技术员工""资本""文化"。"协同发展基因"到各测量变量的路径系数排序结果显示，要强化高职教育与区域经济协同发展基因，需要同时在"高职教育基因"和"区域经济基因"的"企业家""高职教师""技术""技术员工"等方面有重点地配置资源。

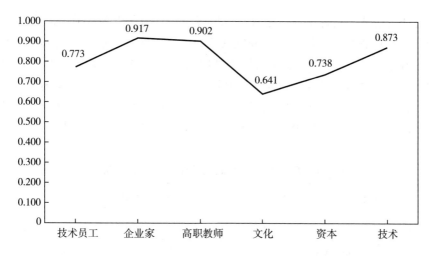

图 3-6 协同发展基因到各测量变量的路径系数差异

三、高职教育与区域经济协同发展的基因成长

（一）研究方法

前面用因子分析法提取出高职教育与区域经济协同发展基因，并对其形成进行了分析。通过分析结果可以看出各个碱基要素对协同发展基因的贡献，要明确各个碱基对以后基因的影响如何，还需要对其成长进行分析。下面利用生存分析法对高职教育与区域经济协同发展基因的成长进行分析。生存分析是一种将生存时间和生存结果结合起来对数据进行分析的一种统计分析方法。生存分析源于生命表研究，在医学领域主要用于对随访事件的研究。在生存分析方法中，Kalpan-Meier 法是利用概率乘法定理计算生存率，适用于小样本或大样本未分组资料的分析，适合对高职教育与区域经济协同发展的基因成长进行分析。

为获取对协同发展基因中"高职教师""企业家"两条链，以及"技术""资本""技术员工""文化"四个碱基成长的数据，经过文献研究和对专家进行深度访谈，设计了高职教育与区域经济协同发展基因调研表（见表3-6）。在高职教育与区域经济协同发展基因调研表中，假设两条链和四个碱基的寿命都是1~5年。本次调研和高职教育与区域经济协同发展基因结构、高职教育与区域经济协同发展基因形成调研同时进行，样本的地区选择、人群选择，以及问卷回收率与以上两个调研一样，最终调查样本的地区结构和人群结构与假设基本一致，说明本次调查样本具有代表性。

表3-6 高职教育与区域经济协同发展基因调研表

测量变量		评价（在栏内打√）				
编码	名称	1 年	2 年	3 年	4 年	5 年
T_1	技术寿命					
T_2	技术员工寿命					
C_1	资本寿命					
E	企业家寿命					
S	技术专家寿命					
C_2	文化寿命					

（二）生存表分析

通过高职教育与区域经济协同发展基因各变量第1年累积生存比例可以看出，第1年"高职教师""企业家""技术""资本""技术员工""文化"的累积生存比例分别为0.995、1、0.995、0.968、0.995、1，"企业家"和"文化"两个变量的累积生存比例最高，"资本"的累积生存比例最低。按照累积生存比例由大到小排列，高职教育与区域经济协同发展基因两个链和四个碱基的排序依次为"企业家""文化""高职教师""技术""技术员工""资本"，除"资本"因素的累积比例较低，"高职教师""技术""技术员工"三个要素的累积比例相同。说明，在构成高职教育与区域经济协同发展基因的6个变量中，第1年的累积生存比例差别不大（见图3-7）。

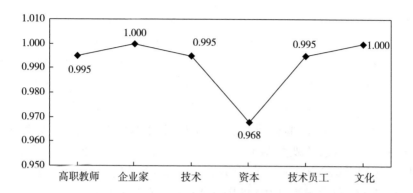

图 3-7　高职教育与区域经济协同发展基因各变量第 1 年累积生存比例

通过高职教育与区域经济协同发展基因各变量第 2 年累积生存比例可以看出，"高职教师""企业家""技术""资本""技术员工""文化"的累积生存比例分别为 0.972、0.982、0.963、0.889、0.972、0.982，"企业家"和"文化"两个变量的累积生存比例最高，"资本"的累积生存比例最低。按照累积生存比例由大到小排列，高职教育与区域经济协同发展基因两个链和四个碱基的排序依次为"企业家""文化""高职教师""技术员工""技术""资本"，除"资本""技术""技术员工"3 个变量累积生存比例的排序有所变化，其余变量累积生存比例的排序没有变化。说明在构成高职教育与区域经济协同发展基因的 6 个变量中，到第 2 年"技术员工"因素的生命力一直超过"资本"因素，表现出更强的生命力（见图 3-8）。

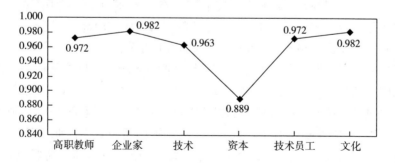

图 3-8　高职教育与区域经济协同发展基因各变量第 2 年累积生存比例

通过高职教育与区域经济协同发展基因各变量第 3 年累积生存比例可

以看出,"高职教师""企业家""技术""资本""技术员工""文化"的累积生存比例分别为 0.558、0.465、0.594、0.281、0.700、0.558,"技术员工"因素的累积生存比例最高,"资本"的累积生存比例最低(见图 3-9)。按照累积生存比例由大到小排列,高职教育与区域经济协同发展基因两个链和四个碱基的排序依次为"技术员工""技术""高职教师""文化""企业家""资本",各变量排序除高职教师因素外,均发生了较大的变化,"技术员工"因素由第 2 年的第 4 变为第 1,"企业家"因素由第 2 年的第 1 变为第 5,"技术"因素由第 2 年的第 5 变为第 2。这说明随着时间的延续,高职教育与区域经济协同发展基因中人的因素逐渐向物的因素转移。

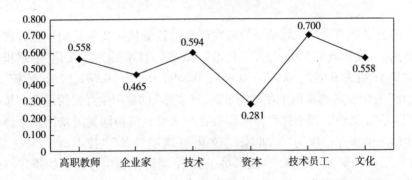

图 3-9 高职教育与区域经济协同发展基因各变量第 3 年累积生存比例

通过高职教育与区域经济协同发展基因各变量第 4 年累积生存比例可以看出,"高职教师""企业家""技术""资本""技术员工""文化"的累积生存比例分别为 0.101、0.134、0.088、0.041、0.198、0.166,"技术员工"因素的累积生存比例最高,"资本"因素的累积生存比例最低(见图 3-10)。按照累积生存比例由大到小排列,高职教育与区域经济协同发展基因两个链和四个碱基的排序依次为"技术员工""文化""企业家""高职教师""技术""资本",各变量中"高职教师"和"企业家"两个因素的排序分别由第 3 年的第 3、第 5 变为第 4、第 3。这说明从长期来看,高职教育与区域经济协同发展基因中人的要素还是起主要作用的,尤其是"高职教师"和"企业家"对高职教育与区域经济协同发展基因的形成和变迁起着决定作用。

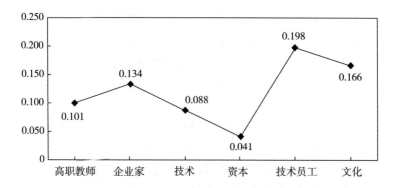

图 3-10　高职教育与区域经济协同发展基因各变量第 4 年累积生存比例

（三）均值和中位数分析

生存年龄的均值和中位数反映高职教育与区域经济协同发展基因各变量生存年龄的集中程度。从高职教育与区域经济协同发展基因各变量生存年龄的均值对比可以看出，"高职教师""企业家""资本""技术""技术员工""文化"的均值分别为 3.627、3.581、3.180、3.641、3.866、3.705，其中"技术员工"生存年龄的均值最大，"资本生存"年龄的均值最小（图 3-11）。按照生存年龄均值由大到小排列，高职教育与区域经济协同发展基因两个链和四个碱基的排序依次为"技术员工""文化""技术""高职教师""企业家"

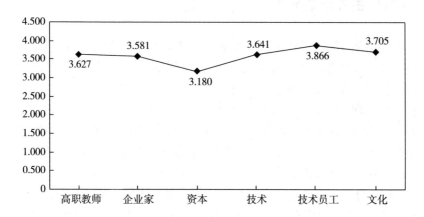

图 3-11　高职教育与区域经济协同发展基因各变量生存年龄的均值对比

"资本"。这说明在构成高职教育与区域经济协同发展基因的两个链和四个碱基中，"文化"碱基的生存年龄最长，"资本"碱基的生存年龄最短，"高职教师""企业家""技术员工"等方面的碱基因素处于中间水平。

从高职教育与区域经济协同发展基因各变量生存年龄的中位数对比中可以看出，"高职教师""企业家""资本""技术""技术员工""文化"的均值分别为4、3、3、4、4、4，"企业家"和"资本"因素的中位数均为3，"高职教师""技术""技术员工""文化"的中位数均为4(见图3-12)。这说明在构成高职教育和区域经济协同发展基因的两条链和四个碱基中，各变量的生存年龄均达到生存年龄总数的半数以上。

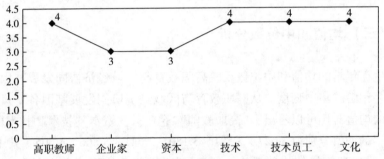

图3-12　高职教育与区域经济协同发展基因各变量生存年龄的中位数对比

（四）生存曲线分析

高职教育与区域经济协同发展基因各变量的生存曲线是以生存年龄为横轴、以此时生存的累积百分比为纵轴绘制的各变量的生存轨迹。通过"高职教师"生存函数的生存曲线可以看出，在双链因素之一"高职教师"的整个生命周期中，该变量第1~5年生存的累积百分比分别为99.5%、97.2%、55.8%、10.1%、0(见图3-13)。第1年到第2年，生存的累积百分比变化幅度不大，只有2.3%。第2年到第3年和第3年到第4年，生存的累积百分比变化幅度较大，分别为41.4%、45.7%。第4年到第5年，生存的累积百分比变化幅度在整个生命周期中处于中间水平，为10.1%。"高职教师"生存函数的生存曲线表明，该变量在其生命周期的中期，生存的累积百分比变化幅度较大。

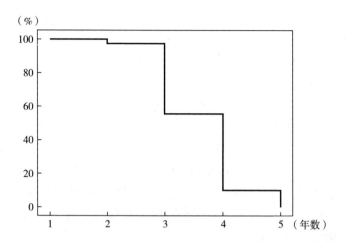

图 3-13 "高职教师"生存函数的生存曲线

通过"企业家"生存函数的生存曲线可以看出，在双链因素之一"企业家"的整个生命周期中，该变量第 1~5 年生存的累积百分比分别为 100%、98.2%、46.5%、13.4%、0。第 1 年到第 2 年，生存的累积百分比变化幅度不大，只有 1.8%。第 2 年到第 3 年和第 3 年到第 4 年，生存的累积百分比变化幅度较大，分别为 51.7%、33.1%；第 2 年到第 3 年，生存的累积百分比变化幅度最大，超过整个生命周期变化幅度的一半以上(见图 3-14)。

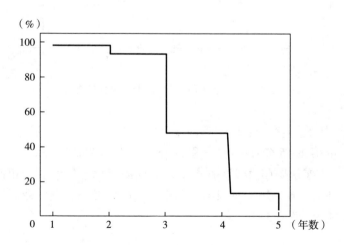

图 3-14 "企业家"生存函数的生存曲线

第4年到第5年，生存的累积百分比变化幅度在整个生命周期中处于中间水平，为13.4%。"企业家"生存函数的生存曲线表明，该变量在其生命周期的早期，生存的累积百分比变化幅度较大。

通过"技术员工"生存函数的生存曲线可以看出，在"技术员工"的整个生命周期中，该变量第1~5年生存的累积百分比分别为99.5%、97.2%、70.0%、19.8%、0(见图3-15)。第1年到第2年，生存的累积百分比变化幅度不大，只有2.3%。第3年到第4年，生存的累积百分比变化幅度最大，为50.2%，超过整个生命周期变化幅度的一半以上。第2年到第3年、第4年到第5年的变化幅度在整个生命周期中处于中间水平，分别为27.2%、19.8%。"技术员工"生存函数的生存曲线表明，该变量在其生命周期的中期变化幅度较大。

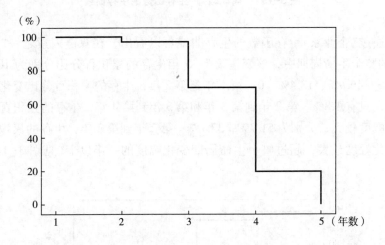

图3-15 "技术员工"生存函数的生存曲线

通过"技术"生存函数的生存曲线可以看出，在"技术"的整个生命周期中，该变量第1~5年生存的累积百分比分别为99.5%、96.3%、59.4%、8.8%、0。该变量生存曲线在整个生命周期的变化与技术员工相似，均是在第1年到第2年、第4年到第5年中变化幅度较小，在生命周期的中期变化幅度较大(见图3-16)。

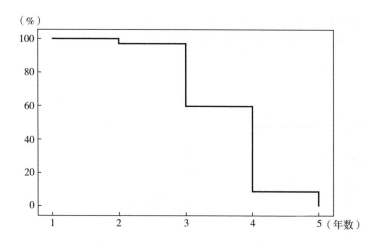

图 3-16　"技术"生存函数的生存曲线

　　通过"资本"生存函数的生存曲线可以看出，在"资本"的整个生命周期中，该变量第 1~5 年生存的累积百分比分别为 96.8%、88.9%、28.1%、4.1%、0（见图 3-17）。第 2 年到第 3 年，生存的累积百分比变化幅度最大。第 4 年到第 5 年，生存的累积百分比变化幅度最小。

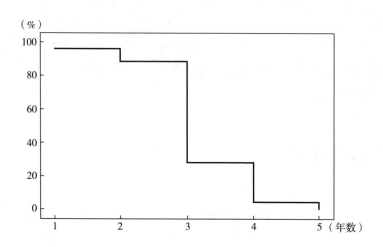

图 3-17　"资本"生存函数的生存曲线

　　通过"文化"生存函数的生存曲线可以看出，在"文化"的整个生命周期中，该变量第 1～5 年生存的累积百分比分别为 100%、98.2%、55.8%、16.6%、0。除第 1 年到第 2 年、第 4 年到第 5 年，中间各年的变化幅度基本一致(见图 3-18)。

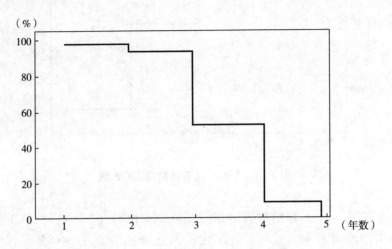

图 3-18　"文化"生存函数的生存曲线

综上所述，在构成高职教育与区域经济协同发展基因的 6 个变量中，根据各年生存累积百分比的变化幅度，可以分为三类，"高职教师"和"技术员工"属于一类，"企业家"和"文化"属于一类，"资本"和"技术"属于一类。6 个变量生存累积百分比的变化幅度均在期初和期末变化较小，在期中变化较大。

 # 本章小结

高职教育与区域经济协同发展的基因模型由两个链和四个碱基构成，"高职教师"(S)和"企业家"(E)构成高职教育与区域经济协同发展基因的两条链，"技术(T_1)""资本(C_1)""技术员工(T_2)""文化"(C_2)构成高职教育与区域经济协同发展基因的四个碱基。高职教育基因与区域经济基因是高职教育与区域经济协同发展的基因形成的重要决定因素，高职教育基因在高职教育与区域经济协同发展基因形成过程中起着更加重要的作用。在高职教育与区域经济协同发展的基因成长过程中，两条链和四个碱基的生存累积百分比在生命周期的早期和晚期变化幅度较小，在生命周期的中期变化幅度较大。"高职教师"和"企业家"是高职教育与区域经济协同发展基因构成要素变化的引领者，"技术""资本""技术员工""文化"是高职教育与区域经济协同发展基因构成要素变化的重要参与者。

第四章
高职教育与区域经济协同发展的选择机制

经过改革开放以来 40 多年的发展，中国高职教育和区域经济均有很大进步。但是，还有不少地区的高职教育与区域经济无法实现协同发展。高职院校是高职教育发展的主体，企业是区域经济发展的主体，高职教育与区域经济的非协同发展主要表现在高职院校与企业的非协同发展方面。就高职院校而言，主要表现在发展定位不准确，有些高职院校在专业设置、培养模式、师资结构等方面，既不是按照市场需求来确定发展定位的，也不是按照市场需求来配置教学和科研资源的，以致自身发展动力缺乏，主要依靠政府推动。就企业而言，主要表现在企业在高职教育体系之外，企业的职内教育、职后教育、技术服务与高职院校关联性不强，企业参与高职教育的积极性不高，企业与高职院校的合作缺乏长效机制。

高职教育与区域经济无法实现协同发展，根本原因在于高职院校与企业各自为政，高职院校与企业之间缺乏切实有效的相互选择机制。研究高职教育与区域经济协同发展的选择机制，对当今中国的高职教育与区域经济协同发展具有深刻的现实意义。

一、研究方法

（一）高等教育与区域经济协同选择的特点

在高职教育与区域经济协同发展过程中，高职院校与企业之间相互选择的机制非常复杂。高职教育与区域经济协同发展选择机制的特点决定了揭示高职教育与区域经济协同发展选择机制规律需要应用的研究方法。

1. 多对多选择

高职教育促进区域经济发展，是通过高职院校向区域内的企业提供人才、技术、服务等方式实现的。区域经济促进高职教育发展是通过企业向区域内的高职院校提供资本、员工、产品等方式实现的。在高职教育与区域经济协同发展过程中，高职教育与区域经济之间的相互选择是多变量与多变量之间的关系。另外，高职院校向区域内企业提供的人才、技术、服务等要素的形成需要专业设置、培养方式、合作机制、科研成果、师资结构等要素作为支撑。企业向高职院校提供资本、员工、产品等要素需要企业产值、研发投入、发展方式、技术需求、企业员工等作支撑。支撑因素的多样性，大大增加了高职教育与区域经济之间多对多选择的数量。

2. 黑箱选择

一个区域的高职院校与企业在相互选择的过程中，双方交易的内容有的是有形的，如产品、资本、人才；而更多的是无形的，如技术、经验、诀窍等。双方交易的形式有的是正规的，有规范的契约进行约束，如单项技术合作等；有的是非正规的，如高职毕业生转化为企业员工。高职院校与企业之间交易内容和交易方式的多样性，决定了双方相互选择的"黑箱"性。"黑箱"性特点增加了高职教育与区域经济协同发展选择机制的复杂性，为研究高职教育与区域经济协同发展的选择机制增加了难度。

3. 自适应选择

美国、德国、日本等发达国家高职教育与区域经济协同发展的历史表明,高职院校与企业之间的选择是一种自适应选择。虽然在高职教育与区域经济协同发展过程中存在政府的作用,但政府所起的作用主要是为高职教育与区域经济协同发展提供规则,高职院校和企业仍是高职教育与区域经济协同发展的核心主体。高职院校与企业之间的合作绩效、合作风险、利益分配等合作规则都是通过长期的自适应过程进行不断调适而实现的。

(二) RBF 神经网络

1. RBF 神经网络特点

人工神经网络是一种按照人脑的组织和活动原理而构造的一种数据驱动型非线性映射模型(王坤,2011)。自 20 世纪 50 年代神经网络应用于模式分类学习以来,人工神经网络由原来的单层感应器发展到多层感应器,由解决线性可分问题发展到解决非线性复杂问题。随着神经网络理论和应用的日渐成熟,RBF(Radial Basis Function)神经网络作为一种普遍应用的神经网络,日益表现出以下特点:

第一,能处理多对多变量关系的迭代求解。RBF 神经网络是一种多层神经网络,包括输入层、隐含层和输出层。输入层、隐含层、输出层通过神经元相互连接,神经元之间的连接赋予相关的权重,训练算法在迭代过程中不断调整这些权重,从而使预测误差最小化并给出预测精度。输入层、输出层和隐含层都可以包括多个变量。

第二,能处理难以用数学模型描述的系统。由于现实的复杂性所限,有些实际问题无法用数学模型描述,用传统方法无法构建输入变量与输出变量之间的关系。RBF 神经网络是一种非线性处理单元,当神经元对所有输入信号的综合处理结果超过某一门限值后才输出一个信号,神经网络能够处理高度复杂、难以用数学模型描述的问题。

第三,具有自组织自学习能力。RBF 神经网络可以根据外界环境输入信息,改变突触连接强度,重新安排神经元的相互关系,从而达到自适应环境变化的目的。

RBF 神经网络的特点表明，作为一种前馈神经网络，适合解决具有多变量、"黑箱"性、自组织的问题。高职教育与区域经济协同发展的进化机制所具备的特点表明，用 RBF 神经网络解决高职教育与区域经济协同发展的选择机制问题是一种理想选择。文献研究表明，国内外学者已经应用神经网络成功解决了大量的合作伙伴选择问题。

2. RBF 神经网络构建

RBF 模型的结构如图 4-1 所示。

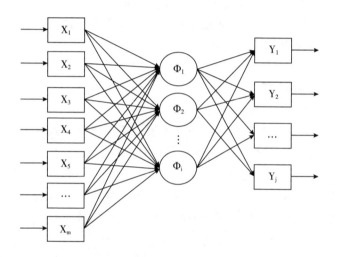

图 4-1　RBF 神经网络结构

根据广义径向基函数构建径向基神经网络模型。广义径向基函数为：

$$Y_{kj} = \omega_{oj} + \sum_{i=1}^{I} \omega_{ij} \Phi(X_k, X_i), \ j = 1, 2, \cdots, J \tag{4-1}$$

若给定的输入模式为 X_m^u，$u = 1, 2, \cdots, p$（p 为输入模式数），则隐含层单元输出为：

$$\Phi_i^u = R_i^u \bigg/ \sum_{i=1}^{L} R_i^u (i = 1, 2, \cdots, L) \tag{4-2}$$

其中，

$$R_i^u = \exp\left[-\frac{1}{2} \sum_{m=1}^{N} \left(\frac{X_m^u - C_{mj}}{\sigma_j} \right)^2 \right] \tag{4-3}$$

式（4-2）和式（4-3）中：R_i^u 为 Gauss 型径向基函数；Φ_i^u 为归一化的径向基函数。

输出层单元的输出为：

$$Y_j^u = \sum_{i=1}^{L} W_{ij}\Phi_i^u (j = 1,2,\cdots,M) \tag{4-4}$$

构建的 RBF 模型包括三层：第一层是输入层，用 X_m 表示；第二层是隐含层，用 Φ_i 表示；第三层是输出层，用 Y_j 表示。输入层有 m 个输入结点，隐含层有 i 个隐含结点，输出层有 j 个输出结点。ω_0 为阈值，其输出值恒为 1。输出单元与隐含层连接的权值为 ω_{ij}。

高职教育与区域经济协同发展的选择机制 RBF 神经网络模型的构建和训练是通过 SPSS 统计软件实现的。

（三）数据获取

为构建高职教育与区域经济协同发展的选择机制神经网络，需要对设计的变量进行度量。经过文献研究和对专家进行深度访谈，分别从吉林省、河南省、陕西省各选取 200 个样本，共 600 个样本，进行调研。本次调研共发放问卷 600 份，其中 300 份调查高职教育与区域经济协同发展的企业选择机制，另外 300 份调查高职教育与区域经济协同发展的高职院校选择机制。

在调查过程中，因为信息缺失，或者信息前后矛盾的问卷有 112 份，最后收回有效问卷 488 份，有效回收率达 81.33%。就样本分布地区而言，在有效回收的问卷中，来自吉林省的问卷 160 份，占有效回收问卷总数的 32.79%；来自河南省的问卷 150 份，占有效回收问卷总数的 30.74%；来自陕西省的问卷 178 份，占有效回收问卷总数的 36.48%。就样本性质而言，在有效回收的问卷中，关于高职教育与区域经济协同发展的企业选择机制的问卷 234 份，占有效回收问卷总数的 47.95%；关于高职教育与区域经济协同发展的高职院校选择机制的问卷 254 份，占有效回收问卷总数的 52.05%。本次调查样本的结构与研究假设的结构基本一致，可以认为本次调查样本具有代表性。

二、高职教育与区域经济协同发展的企业选择机制

（一）企业产品生产过程

卡尔·马克思（1975）认为，资本循环的总公式为：

$$G-W<^A_{P_m}\cdots P\cdots W'-G' \tag{4-5}$$

式中：G 代表货币；W 代表商品；A 代表劳动力；P_m 代表生产资料。在资本循环过程中，产业资本从一定的职能形式出发，顺次经过购买、生产、销售三个阶段，分别采取货币资本、生产资本、商品资本三种职能形式，实现价值增值，最终又回到原来的出发点。根据劳动价值理论，高职院校选择企业的过程与企业资本循环的三个环节密切相关。

1. 购买阶段

高职院校是从事高职人才培养和研究企业实用技术的高等学校，培养高职人才和研究企业实用技术是高职教育的基本职能。高职院校培养出来的高职人才和研究出来的实用技术并不能在高职院校直接转化为生产力，需要进入企业，与企业资源结合，才能转化为生产力，才能实现高职教育与区域经济协同发展。在购买阶段，企业从高职院校购买劳动力 A 和技术 P_m，启动整个生产过程。高职院校选择企业，实质上是为高职院校的产出——高职毕业生 A 和技术 P_m 选择应用企业。

具有员工需求和技术需求是企业成为高职院校选择对象的基本条件，但要实现高职院校与企业的可持续合作，仅具备这两个条件是不够的，还需要企业发展方式、产品结构、研发投入、企业高管等条件作为支撑。

2. 生产阶段

企业雇佣员工的目的是为企业创造价值。高职毕业生来到企业，需要与机器设备、厂房、原材料等生产资料 P_m 结合起来，才能生产出产

品 W′，完成生产和再生产的任务。在生产阶段，来自高职院校的高职毕业生 A 和技术 P_m 不仅发挥着一般生产要素的作用，而且发挥着资本的作用。劳动力 A 和技术 P_m 通过生产过程，从生产资本形式转化为商品资本形式，这些商品同原来的商品相比，不仅在物质形态上发生了变化，也在价值量上发生了变化。生产阶段是产业资本全部运动过程中具有决定意义的阶段。

在高职教育与区域经济协同发展过程中，企业为高职毕业生匹配工作岗位，为技术匹配产品，为生产经营过程匹配其他生产条件，使高职毕业生成为企业员工，使技术成为产品组成部分，这既是企业生产过程的需要，也是高职院校选择企业的需要。

3. 销售阶段

高职毕业生转化为企业员工，技术转化为企业产品，只完成了企业资本循环的购买阶段"$G-W<^A_{P_m}$"和生产阶段"$\cdots P \cdots W′$"，并没有完成企业的整个产业资本循环。要完成企业的整个产业资本循环，企业必须将商品卖出去，使商品资本 W′ 重新转化为货币资本 G′，即完成销售阶段"$W′-G′$"。只有将凝聚工人劳动和技术的产品卖出去，完成生产循环的"$P—W′$"环节，才能最终实现商品 W′ 的价值，保证投资者再生产过程的继续；才能最终实现劳动力 A 和技术 P_m 投资者再生产的继续。因此，马克思将销售阶段称为"惊险的跳跃"。

（二）高职院校选择企业的评价指标

通过文献研究和对专家进行深度访谈，根据企业产品生产过程，将高职院校选择企业的指标分为三类。第一类是购买环节的指标，包括"企业员工""技术需求""合作模式""合作深度""沟通渠道""研发投入"等；第二类是生产环节的指标，包括"企业高管""发展方式""企业区位"等；第三类是销售环节的指标，包括"产品结构""企业产值""市场需求""开放程度""经济体制""市场环境"等。

为保证高职院校选择企业 RBF 神经网络输入指标的有效性和输出结果的准确性，利用调研获取的 234 份高职院校选择企业问卷的数据对设计的企业评价指标进行因子分析。因子分析结果表明，企业指标因子分析的前三个主成分的特征值大于 1，它们的累计贡献率达到了 83.619%，所以选取前 3 个公因子。另外，指标"开放程度""经济体制""市场环境""沟通渠道"的共性方差低于 0.5，故而从企业指标体系中删除了这 4 个指标（见表 4-1）。

表 4-1 高职院校选择企业正交旋转后的因子矩阵

指标	公因子		
	F1	F2	F3
企业产值	0.534	−0.026	0.444
研发投入	0.453	−0.158	0.505
发展方式	0.410	0.618	−0.172
企业区位	0.407	0.635	−0.113
市场需求	0.528	−0.145	0.323
合作模式	0.480	0.429	0.766
企业员工	0.452	0.143	0.667
企业高管	0.337	0.582	−0.309
合作深度	0.328	−0.303	0.594
技术需求	0.145	0.254	0.581
产品结构	0.703	−0.148	−0.325
开放程度	0.103	−0.148	−0.325
经济体制	0.107	0.322	0.205
市场环境	0.203	0.417	−0.097
沟通渠道	0.262	0.210	−0.389

删除得分较低的指标后剩余的企业指标基本涵盖了企业产业资本循环的信息，不存在信息交叉和重叠现象，基本可以作为高职院校选择企业合作伙伴评价指标体系（见表 4-2）。

表4-2　高职院校选择企业合作伙伴评价指标体系

目标层	生产过程	评价指标
企业	购买环节	企业员工
		技术需求
		合作模式
		合作深度
	生产环节	企业高管
		发展方式
		企业区位
		研发投入
	销售环节	产品结构
		企业产值
		市场需求

采用五点李克特（Likert）法评价各个指标，1分代表"差"，2分代表"较差"，3分代表"一般"，4分代表"良"，5分代表"优"。按照这种评价原则，被高职院校选择的企业也被分为"差""较差""一般""良""优"五类，高职院校可以根据企业评分确定适合自己的合作伙伴。

采用RBF神经网络法确定高职院校选择企业神经网络的输入层、隐含层、输出层各层单位的权重，一层指标权重表示输入层各个神经元与对应神经元的关系，二层指标权重表示隐含层各个神经元与企业得分值这个输出层神经元的关系。

（三）高职院校选择企业的仿真

1. 模型设计

将表4-2设计的11个指标作为RBF神经网络的输入样本，将被选企业实际评分值作为唯一输出值。通过自动计算范围，在某个范围内查找最佳单位进行多次网络训练，基于网络均方误差确立隐含层数，建立输入层11个神经元、输出层1个神经元的RBF神经网络。

2. 模型训练

将调研获取 234 个企业样本的 160 个样本作为训练样本。为加快网络收敛速度，现将 11 个输入变量获取的调研数据进行标准化处理。经过试验，当隐含层个数为 3 时，RBF 神经网络训练样本的平方和错误为 347.735，百分比错误预测为 18.6%；测试样本的平方和错误为 58.701^{-30}，百分比错误预测为 25%，误差满足精度要求，逼近效果较好。

在训练模型的输入层中，"企业员工""技术需求""合作模式""合作深度""企业高管""发展方式""企业区位""研发投入""产品结构""企业产值""市场需求"11 个神经元到隐含层 3 个神经元的权值，以及隐含层各神经元到输出层企业评分值的权重如表 4-3 所示。

表 4-3　输入层、隐含层、输出层各神经元的权值

变量/权重	隐含层		
	H(1)	H(2)	H(3)
企业产值	0.291	0.468	0.613
研发投入	0.073	0.597	0.194
发展方式	0.109	0.065	0.290
企业区位	0.564	0.194	0.645
市场需求	0.218	0.661	0.129
合作模式	0.527	0.290	0.065
企业员工	0.218	0.210	0.161
企业高管	0.382	0.306	0.129
合作深度	0.236	0.677	0.355
技术需求	0.036	0.065	0.387
产品结构	0.109	0.516	0.065
W_{ij}	0.202	0.704	0.058

3. 模型验证

为了验证所建模型的准确性，用预留的 74 组调研数据测试训练完成后的 RBF 神经网络模型。将 74 组测试样本的数据输入模型中，利用建好的

神经网络进行测试分析，以检验 RBF 神经网络模型对企业评分值预测的准确性和稳定性。验证结果显示，RBF 神经网络输出结果与专家评定结果基本一致（见表 4-4），说明所构建的企业伙伴评价模型具有很好的有效性，适合高职院校选择企业伙伴时对企业进行评价。

表 4-4　企业评估结果比较

序号	实际值	RBF 神经网络输出值	
		预测值	误差（%）
1	3.661	3.667	0.16
2	3.629	3.626	-0.08
3	4.017	4.015	-0.05
4	3.770	3.758	-0.32
5	3.995	4.000	0.13
6	3.916	3.687	-5.85
7	4.144	4.283	3.35
8	3.687	3.679	-0.22
…	…	…	…

4. 指标重要性分析

在高职院校选择企业的过程中，各个指标作为合作伙伴的重要性是不同的。高职院校选择企业伙伴神经网络计算出的自变量分析结果表明（见表 4-5），企业评价指标体系中，自变量"产品结构""企业产值""研发投入""市场需求""企业高管""技术需求"的规范重要性较高，说明"产品结构""企业产值""研发投入""市场需求""企业高管""技术需求"是高职院校选择企业伙伴时需要重点考虑的指标。指标"发展方式""企业区位""合作模式""企业员工""合作深度"的规范重要性虽然不是很高，却是形成企业关键指标的重要支撑，对企业与高职院校的合作缺一不可。

在高职院校选择企业伙伴时，各个评价指标的重要性还可以用柱状图表示。从图 4-2 可以更清楚地看出高职院校选择企业伙伴的指标重要性对比，对高职院校选择企业伙伴针对性更强。

表 4-5　高职院校选择企业伙伴的指标重要性

自变量名称	重要性	规范重要性（%）
企业产值	0.125	91.7
研发投入	0.106	77.2
发展方式	0.049	36.1
企业区位	0.055	40.3
市场需求	0.113	83.0
合作模式	0.064	47.0
企业员工	0.060	43.8
企业高管	0.114	83.6
合作深度	0.072	52.6
技术需求	0.104	76.0
产品结构	0.137	100.0

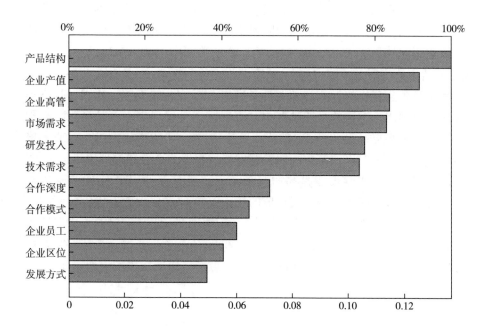

图 4-2　高职院校选择企业伙伴的指标重要性对比

三、高职教育与区域经济协同发展的高职院校选择机制

（一）高职院校人才和技术生产过程

高职院校的人才和技术生产过程同样服从资本循环规律。同企业产品生产过程相比，高职院校资本循环的购买阶段、生产阶段、销售阶段与企业存在互补性，这种互补性成为企业选择高职院校的主要依据。

1. 购买阶段

高职院校无论是培养人才，还是研发技术，都需要资本 G。高职院校的资本来源不同，既决定着高职院校招聘的师资 A 的质量，也决定着高职院校购买的教学实验设备 P_m 的质量。企业购买劳动力 A 和教学实验设备 P_m 的货币资本 G 中是否有企业资本，以及企业资本所占比重大小，对高职院校与企业合作的形式和深度都具有重要影响。同美国、德国、日本等发达国家相比，中国的高职教育相对落后，主要表现之一就是高职院校购买劳动 A 和教学实验设备 P_m 的货币资本 G 中企业所占比例过小，或者根本没有企业资本，以致产生高职教育发展过程中的企业缺位现象。

教师和教学实验设备是高职院校培养人才和从事技术研发的基本条件。目前，中国高职院校购买环节的货币资本 G 主要由政府供给，而政府由于经济发展水平、可供预算等限制，所供给的高职经费根本无法保证高职教育发展的现实需要。在购买环节中积极引入企业资本，既是高职教育发展的迫切需要，也是实现高职教育与区域经济协同发展的迫切需要。

2. 生产阶段

高职院校从事的生产"…P…"主要是人才生产和技术生产。同产品生产相比，高职院校的生产过程更加复杂。无论人才生产，还是技术生产，都是无形的。高职院校生产的人才和技术到底质量怎样，在高职院校内部

很难得到验证，需要进入企业，与企业生产资料 P_m 结合，形成企业商品资本 W′，并最终卖出去变成货币资本 G′，才能实现其价值。同产品生产相比，高职院校的人才生产、技术生产，在物质形态上变化不大，但在价值量上发生了明显变化。高职院校的生产阶段对高职教育全过程具有重要意义。

在高职教育生产过程中，高职院校需要为货币资本 G 设置不同的技术项目，需要为培养学生 W 聘请高水平的师资 A，需要采取适合高职教育的培养方式，需要根据市场进行专业设置。实现高职教师 A 与教学实验设备 P_m 的完美结合，根据市场需要培养高职学生、研发技术，既是高职院校自身发展的需要，也是企业选择高职院校的需要。

3. 销售阶段

高职院校通过购买和生产过程，生产出商品资本 W′，商品资本 W′ 包括高职毕业生和技术。由于社会分工不同，无论是高职毕业生，还是技术，都很难在高职院校直接实现其价值。只有将商品资本 W′ 中的高职毕业生和技术交给企业，完成高职院校资本循环的"W′—G′"环节，才能实现高职教育再生产的继续。

企业是高职院校商品资本 W′ 的买家，企业到底选择何种高职毕业生和何种技术，关键取决于高职院校的商品资本 W′ 创造价值的能力，而高职院校的商品资本 W′（高职毕业生、技术）需要先变成企业商品资本 W′，进而变成企业货币资本 G′，才能完成创造价值的任务。

（二）企业选择高职院校的评价指标

根据高职院校的人才和技术生产过程，将企业选择高职院校的指标分为三类。第一类是购买环节的指标，包括科研投入、师资结构、合作机制等；第二类是生产环节的指标，包括专业设置、教学内容、培养方式、服务方式、高校区位、中介服务等；第三类是销售环节的指标，包括高职毕业生、科研成果、评价方式、合作绩效、利益分配、合作风险等。

为了保证企业选择高职院校 RBF 神经网络输入指标的有效性和输出结果的准确性，利用调研获取的 254 份企业选择高职院校问卷的数据对高职院校评价指标进行因子分析。因子分析结果显示，高职院校评价指标因子分析的前三个主成分的累积贡献率达到 79.104%，将前三个主成分作为公因子。通过对高职院校评价指标进行正交旋转，并对旋转后的因子载荷进行分析发现，指标"中介服务""合作绩效""利益分配""合作风险"的因子得分小于 0.5，故而从高职院校评价指标体系中删除这 4 个指标(见表 4-6)。

表 4-6　企业选择高职院校伙伴正交旋转后的因子矩阵

变量	公因子		
	F1	F2	F3
专业设置	0.434	0.307	0.576
培养方式	0.168	0.346	0.679
合作机制	0.538	0.017	0.434
科研成果	0.293	0.687	0.033
服务方式	0.028	0.162	0.567
师资结构	0.654	0.133	0.073
高校区位	0.255	0.396	0.655
高职毕业生	0.421	0.514	−0.169
科研投入	0.573	0.256	0.149
评价方式	0.416	0.572	0.013
教学内容	0.009	−0.060	0.553
中介服务	0.106	−0.487	−0.366
合作绩效	0.253	−0.327	0.033
利益分配	0.153	−0.606	0.074
合作风险	0.247	−0.215	−0.295

　　删除得分较低指标后的剩余指标基本涵盖了高职院校人才培养和技术生产过程的主要信息，不存在信息交叉和重叠现象，可以认为所设计的高职院校评价指标体系符合假设要求(见表 4-7)。

　　与高职院校选择企业时的评价指标一样，企业选择高职院校的评价指标也采用五点李克特(Likert)法评价各个指标，1 分代表"差"，2 分代表"较差"，3 分代表"一般"，4 分代表"良"，5 分代表"优"。按照这种评价原则，被企业选择的高职院校也被分为"差""较差""一般""良""优"五类，企业可以根据高职院校评分确定适合自己的合作伙伴。

表4-7　企业选择高职院校伙伴评价指标体系

目标层	生产过程	评价指标
高职院校	购买环节	科研投入
		师资结构
		合作机制
	生产环节	专业设置
		教学内容
		培养方式
		服务方式
		高校布局
	销售环节	高职毕业生
		科研成果
		评价方式

采用 RBF 神经网络法确定企业选择高职院校神经网络输入层、隐含层、输出层各层单位的权重。一层指标权重表示输入层各神经元与对应神经元的关系，二层指标权重表示隐含层各个神经元与高职院校评分值这个输出层神经元的关系。

（三）企业选择高职院校的仿真

1. 模型设计

将表4-7设计好的 11 个指标作为企业选择高职院校伙伴神经网络的输入样本，将备选高职院校评分值作为唯一输出值。通过自动计算范围，在某个范围内查找最佳单位，进行多层训练，基于网络均方误差，确立隐含层数，建立输入层 11 个神经元，输出层 1 个神经元的企业选择 RBF 神经网络。

2. 模型训练

将调研获取的 254 个高职院校样本数据中的 154 个作为训练样本。首先对样本数据进行标准化处理，以加快神经网络收敛的速度。经过试验，当隐含层个数为 3 时，高职院校 RBF 神经网络训练样本的平方和误差为 69.984，百分比预测错误为 19%；测试样本的平方和错误为 23.697^{-31}，百分比错误预测为 13.3%，模型误差基本满足精度要求，逼近效果较好。

在训练模型的输入层中，"专业设置""培养方式""合作机制""科研成果""服务方式""师资结构""高校区位""高职毕业生""科研投入""评价方式""教学内容"11 个神经元到隐含层 3 个神经元的权值，以及隐含层各神经元到输出层高职院校评分值的权值如表 4-8 所示。

表 4-8 高职院校神经网络输入层、隐含层、输出层各神经元的权值

指标/权值	隐含层		
	H(1)	H(2)	H(3)
专业设置	0.062	0.052	0.321
培养方式	0.072	0.190	0.286
合作机制	0.087	0.241	0.536
科研成果	0.116	0.103	0.571
服务方式	0.029	0.052	0.250
师资结构	0.073	0.017	0.429
高校区位	0.391	0.276	0.357
高职毕业生	0.536	0.517	0.393
科研投入	0.043	0.207	0.643
评价方式	0.333	0.103	0.214
教学内容	0.145	0.483	0.036
W_{ij}	0.720	0.270	0.933

3. 模型测试

为了验证所构建的高职院校 RBF 神经网络的准确性，用预留的 100 组调研数据测试训练完成后的高职院校 RBF 神经网络。将 100 组测试样本的数据输入模型，利用构建好的高职院校神经网络进行测试。验证结果显示，测试模型的预测值与实际值之间的误差较小（见表 4-9），说明构建的高职院校 RBF 神经网络拟合优度较高，可以用于企业选择高职院校伙伴时对高职院校进行评价。

表4-9 高职院校评估结果比较

序号	实际值	RBF 神经网络输出值	
		预测值	误差（%）
1	3.651	3.535	-3.18
2	4.015	3.993	-0.55
3	2.724	2.336	-2.73
4	3.784	4.012	6.03
5	3.683	3.995	8.47
6	3.935	4.170	5.97
7	1.740	2.320	3.33
8	3.646	3.570	-2.08
…	…	…	…

4. 指标重要性分析

通过高职院校神经网络的自变量重要性输出结果可以看出，在企业选择高职院校过程中，"师资结构""高职毕业生""科研投入""评价方式""培养方式""合作机制"的规范重要性较高（见表4-10），说明"师资结构""高职毕业生""科研投入""评价方式""培养方式""合作机制"是企业选择高职院校时需要重点考虑的指标，另外几个指标的规范重要性相对较低，主要对高职院校的人才培养和技术研发起支撑作用。

表4-10 企业选择高职院校伙伴的指标重要性

指标名称	重要性	规范重要性（%）
专业设置	0.080	73.1
培养方式	0.092	84.5
合作机制	0.096	88.0
科研成果	0.082	75.3
服务方式	0.087	79.3
师资结构	0.109	100.0
高校区位	0.076	69.6
高职毕业生	0.101	92.7
科研投入	0.103	94.4
评价方式	0.102	93.7
教学内容	0.070	64.4

本章小结

　　高职教育与区域经济协同发展的选择机制主要表现为高职院校与企业的相互选择机制。高职院校与企业的资本循环过程不同，高职院校与企业相互选择合作伙伴的标准也不同。运用因子分析确定高职院校和企业相互选择伙伴的评价指标，运用 RBF 神经网络对高职院校和企业调研数据进行仿真。高职院校选择企业的标准包括"企业员工""技术需求""合作模式""合作深度""企业高管""发展方式""企业区位""研发投入""产品结构""企业产值""市场需求"等，"企业产值""研发投入""市场需求""企业高管""技术需求"是主导标准，"企业员工""技术需求""合作模式""合作深度""发展方式""企业区位"是辅助标准。企业选择高职院校的标准包括"专业设置""培养方式""合作机制""科研成果""服务方式""师资结构""高校区位""高职毕业生""科研投入""评价方式""教学内容"等，"师资结构""高职毕业生""科研投入""评价方式""培养方式""合作机制"是主导标准，"专业设置""科研成果""服务方式""高校区位""教学内容"是辅助标准。

第五章

高职教育与区域经济协同发展的
变异机制

2008 年国际经济危机发生以后，中国以投资为主的传统经济增长方式所存在的弊端越来越突出。为加快经济增长方式转变，2012 年党的十八大明确提出"实施创新驱动发展战略，着力构建以企业为主体、市场为导向、产学研相结合的技术创新体系"。高职教育作为中国高等教育的重要组成部分之一，与区域经济存在着天然的联系，在区域创新驱动发展方面负有神圣使命，高职教育与区域经济之间本应由简单的高职教育为区域经济提供人才、以区域经济参与高职教育人才培养为主要形式的校企合作发展成产教深度融合、互动合作的协同创新。但是，中国高职教育与区域经济协同发展的实践表明，高职教育与区域经济之间存在"条块分割"现象，高职教育与区域经济不同管理部门之间缺乏有效的沟通平台，不同层次、不同类别的高职教育管理系统之间的沟通渠道严重缺失；高职教育的人才培养体制"脱离市场"，课程设置、人才评估、交流机制严重脱离市场；高职教育办学体制"封闭单一"，企业长期被排除在高职教育体系之外（林克松、朱德全，2012）。上述种种问题导致高职教育与区域经济之间的协同发展严重受阻。

高职教育与区域经济之所以无法协同发展，根本原因在于高职教育与区域经济之间缺乏协同发展的变异机制。随着世界经济由工业经济向网络经济的过渡，人才培养和技术创新的过程日益网络化、复杂化，单独的高职院校和企业任何一方，都很难完成一个区域的人才培养和技术创新。高职院校和企业属于异质性的知识共同体，在区域经济发展中具有不同的功能。高职院校作为教育部门，主要职能是进行技能人才的培养，进行职业技术的创造；企业作为产业部门，主要职能是通过人才和技术的产业化、商业化，为社会创造财富。以高职院校为主体的高职教育和以企业为主体的区域经济存在互补性，它们之间既存在促进发展的基因，也存在阻碍发展的因素。根据生物进化原理，高职教育与区域经济之间只有通过相互作用，实现技术、人才、文化等基因碱基的不断变异，才能为高职教育与区域经济协同发展注入新的活性成分。研究高职教育与区域经济协同变异机制，揭示高职教育与区域经济协同变异规律，构建高职教育与区域经济协同变异机制，是实现高职教育与区域经济协同发展的关键。

一、研究方法

（一）高职教育与区域经济协同变异的特点

在高职教育与区域经济协同发展过程中，高职教育与区域经济的协同变异起着关键作用。高职教育与区域经济协同变异的特点，决定了研究高职教育与区域经济协同变异机制，揭示了高职教育与区域经济协同变异规律需要应用的研究方法。

1. 高职教育与区域经济的协同性

高职教育的主体高职院校与区域经济的主体企业共处一个区域，面临相同的发展环境。随着网络经济的飞速发展，高职院校与企业需要加入一系列相互联系、相互依存的网络中，才能和其他主体共享网络剩余，并建立协同发展的关系。区域内的高职院校与企业在人才培养和技术创新等方面存在协同性，它们之间需要相互配合，才能获得协同收益，形成并巩固自身发展优势。

2. 高职教育与区域经济的异质性

在高职教育与区域经济发展过程中，高职院校和企业属于两种不同性质的组织。高职院校与企业在各自边界内遵循特定的规则，高职院校与企业的合作是社会契约制度选择的必然结果。知识和技术通过在高职院校与企业之间双向、主动流动，实现协同创新，高职院校与企业基于异质性主体之间合作的这一内在逻辑，是高职教育与区域经济协同发展的重要原动力（张学文，2013；Xiong，2011）。

3. 高职教育与区域经济的互补性

高职院校和企业面临的市场环境具有很大的不确定性。高职院校和企业在应对市场不确定性方面各有优势，高职院校具有人才和技术优势，企业具有资本和市场优势。高职院校的人才和技术生产，与企业的产品或服务生产在要素方面具有互补性，双方只有联合起来才能抵御来自市场的不确定性，才能共同分担成本、分摊风险、实现共赢。

（二）潜质成长分析

潜质成长分析（Latent Growth Analysis，LGA）是利用同一受测者接受多次的测量，分析个体内潜在特质变化平均变化的大小和类型，或者分析这些变化的情形在个体间的差异性。

根据 SEM（Structural Equation Modeling）的定义，LGA 是 SEM 平均数结构分析或多层次分析（Multilevel Models）的特例。LGA 在统计和研究设计上需要满足六个基本规定、五个运算原则、四个基本要求。

1. LGA 需要满足的六个基本规定（Raykov and Marcoulides，2006）

第一，所有自变量的方差为模型参数。
第二，所有自变量间的协方差为模型参数。
第三，所有连接潜变量与相关指标的因素负荷量为模型参数。
第四，所有连接预测变量与效标的回归系数为模型参数。
第五，所有依变量间（或自变量与依变量间）的方差与协方差均为模型参数。
第六，模型中每个潜在变量的测量单位须加以设定。

2. LGA 需要满足的五个运算原则（李茂能，2011）

第一，$\mathrm{Cov}(X,X) = \mathrm{Var}(X)$。

第二，$Cov(aX+bY, cY+dU) = acCov(X,Z) + adCov(X,U) + bc(Y,Z) + bdCov(Y,U)$。

第三，$Var(aX+bY) = a^2Var(X) + b^2Var(Y) + 2abCov(X,Y)$，假如 X，Y 具有相关。

第四，$Var(aX+bY) = a^2Var(X) + b^2Var(Y)$，假如 X，Y 相关等于 0。

第五，$Mean(aX±bY) = aMean(X) ±bMean(Y)$。

3. LGA 需要满足的四个基本要求（Kline，2004）

第一，至少要在不同时间测试三次以上。

第二，测量的变量至少要有等距测量的属性。

第三，每次的测量须全在测同一特质，未标准化。

第四，所有受试者在各个搜集时间点上，均须接受测量。

LGA 主要包括单因子 LGA、双因子 LGA、多因子 LGA 等几种形式。

根据高职教育与区域经济协同变异的特点，兼以 LGA 在统计和研究设计上的要求，采用双因子 LGA 分析高职教育与区域经济协同发展的变异机制。双因子 LGA 包括测量基线因子的分析和改变型态因子的分析，适合用于分析高职教育与区域经济协同发展的变异机制。

（三）数据获取

在样本选取方面，对高职教育与区域经济协同发展的变异机制的调研，从中国 31 个省份（不含港澳台）中选取吉林省、江苏省、河南省、陕西省作为样本省份。分别从吉林省、江苏省、河南省、陕西省各选取 300 个样本，进行调研。本次调研共发放问卷 1200 份，调研结束后，发现数据丢失或信息前后矛盾的问卷有 309 份，去除上述作废问卷，共收回有效问卷 891 份，有效回收率为 74.25%。

就样本所属地区而言，在本次成功调查的样本中，吉林省 210 个，占有效回收问卷总数的 23.57%；江苏省 190 个，占有效回收问卷总数的 21.32%；河南省 240 个，占有效回收问卷总数的 26.94%；陕西省 251 个，占有效回收问卷总数的 28.17%。

就样本所属行业而言，在本次成功调查的问卷中，高职院校教师 249 人，占有效回收问卷总数的 27.95%；企业员工 230 人，占有效回收问卷总数的 25.81%；高职学生 232 人，占有效回收问卷总数的 26.04%；政府工作人员 180 人，占有效回收问卷总数的 20.20%。

本次调查样本的地区结构和行业结构与研究假设基本一致，可以认为本次调查具有代表性，可以用于对高职教育与区域经济协同发展的变异机制进行研究。

二、高职教育与区域经济协同发展的技术变异机制

（一）研究设计

高职教育与区域经济协同发展的技术变异模型是一种双因子 LGA 模型。根据双因子 LGA 模型成长规律，分别用高职院校与企业合作后各年的技术变异度测量潜变量"高职院校技术""企业技术"。为保证调研质量，先将制作的问卷在 30 个被调查中进行试调研，试调研结果显示，当高职院校与企业技术合作时间为 5 年时调研结果较好，用"合作第 1 年技术变异度""合作第 2 年技术变异度""合作第 3 年技术变异度""合作第 4 年技术变异度""合作第 5 年技术变异度"测试"高职院校技术"和"企业技术"的变异程度。采用五点李克特（Likert）法测量高职院校与企业合作后各年的技术变异程度，1 分代表"变异度小"，2 分代表"变异度较小"，3 分代表"变异度一般"，4 分代表"变异度较大"，5 分代表"变异度大"。

（二）模型构建

分别用 UT、ET 代表潜变量"高职院校技术""企业技术"，用 X_1、X_2、X_3、X_4、X_5 代表高职院校与企业的"合作第 1 年技术变异度""合作第 2 年技术变异度""合作第 3 年技术变异度""合作第 4 年技术变异度""合作第 5 年技术变异度"，用 H_1、H_2、H_3、H_4、H_5 代表潜变量"高职院校技术"到测量变量"合作第 1 年技术变异度""合作第 2 年技术变异度""合作第 3 年

技术变异度""合作第4年技术变异度""合作第5年技术变异度"的路径系数，用 I_1、I_2、I_3、I_4、I_5 代表潜变量"企业技术"到测量变量"合作第1年技术变异度""合作第2年技术变异度""合作第3年技术变异度""合作第4年技术变异度""合作第5年技术变异度"的路径系数。

在技术变异过程中，高职院校与企业之间的作用是相互的。根据双因子 LGA 模型的定义，如果将"高职院校技术"到各测量变量的路径系数定义为初始值 1，设 $I_1 = 0$，$I_5 = 1$，则高职教育与区域经济协同发展的技术变异 LGA 模型可以表示为：

$$X_1 = 1.0 \times UT + 0 \times ET + e_1$$
$$X_2 = 1.0 \times UT + I_2 \times ET + e_2$$
$$X_3 = 1.0 \times UT + I_3 \times ET + e_3$$
$$X_4 = 1.0 \times UT + I_4 \times ET + e_4$$
$$X_5 = 1.0 \times UT + 1 \times ET + e_5$$

将上式变成矩阵方式就成为：

$$
\begin{bmatrix} X_1 \\ X_2 \\ X_3 \\ X_4 \\ X_5 \end{bmatrix} =
\begin{bmatrix} 0 \\ 0 \\ 0 \\ 0 \\ 0 \end{bmatrix} +
\begin{bmatrix} 1 & 0 \\ 1 & I_2 \\ 1 & I_3 \\ 1 & I_4 \\ 1 & 1 \end{bmatrix}
\begin{bmatrix} UT \\ ET \end{bmatrix} +
\begin{bmatrix} e_1 \\ e_2 \\ e_3 \\ e_4 \\ e_5 \end{bmatrix}
$$

根据方差、协方差和平均数运算原则，可以推得：

$$\text{Mean}(X_1) = 1.0 \times \text{Mean}(UT) + \text{Mean}(e_1)$$

由于 $\text{Mean}(e_1) = 0$，所以 $\text{Mean}(X_1) = \text{Mean}(UT)$

而 $\text{Mean}(X_5) = 1.0 \times \text{Mean}(UT) + 1.0 \times \text{Mean}(ET) + \text{Mean}(e_5)$，即

$$\text{Mean}(X_5) = \text{Mean}(X_1) + \text{Mean}(ET)$$

移项可得 $\text{Mean}(ET) = \text{Mean}(X_5) - \text{Mean}(X_1)$

另外，$\text{Mean}(X_2) = 1.0 \times \text{Mean}(UT) + I_2 \times \text{Mean}(ET) + \text{Mean}(e_2)$

所以，可得 $I_2 = \dfrac{\text{Mean}(X_2) - \text{Mean}(X_1)}{\text{Mean}(X_5) - \text{Mean}(X_1)}$

$$I_3 = \dfrac{\text{Mean}(X_3) - \text{Mean}(X_1)}{\text{Mean}(X_5) - \text{Mean}(X_1)}$$

$$I_4 = \dfrac{\text{Mean}(X_4) - \text{Mean}(X_1)}{\text{Mean}(X_5) - \text{Mean}(X_1)}$$

同理，如果将"企业技术"到各测量变量的路径系数定义为初始值1，设 $H_1 = 0$，$H_5 = 1$，可以推出：

$$H_2 = \frac{\text{Mean}(X_2) - \text{Mean}(X_1)}{\text{Mean}(X_5) - \text{Mean}(X_1)}$$

$$H_3 = \frac{\text{Mean}(X_3) - \text{Mean}(X_1)}{\text{Mean}(X_5) - \text{Mean}(X_1)}$$

$$H_4 = \frac{\text{Mean}(X_4) - \text{Mean}(X_1)}{\text{Mean}(X_5) - \text{Mean}(X_1)}$$

通过用 Amos 软件对样本数据进行模拟，运行出以高职院校为初始值的高职教育与区域经济协同发展的技术变异机制 LGA 模型（见图 5-1）。

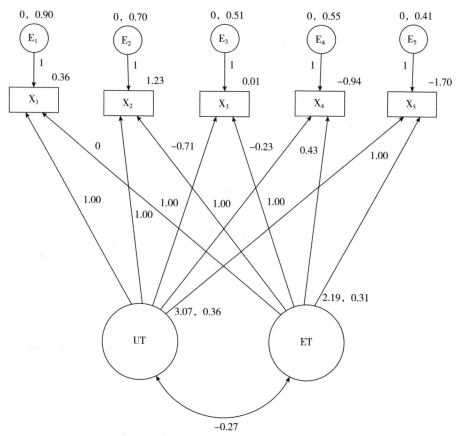

图 5-1　高职教育与区域经济协同发展的技术变异 LGA 模型

通过对模型进行检验发现，CMIN/DF = 2.17，NFI = 0.903，CFI = 0.918，RMSEA = 0.039，主要拟合参数均通过了检验，说明所构建的高职教育与区域经济协同发展的技术变异机制模型具有较好的拟合优度。

（三）技术变异分析

1. 技术变异趋势

通过高职教育与区域经济协同发展的技术变异 LGA 模型运行结果可知，潜变量"ET"的平均数为 2.19，表示企业技术变异程度的平均值，其技术变异量为 0.31。高职院校与企业合作以后重复测量与第一次测量间的改变量比率分别为 -0.71、-0.24、0.43、1.00（见表 5-1）。企业技术与各年变异程度之间的路径系数数据显示，高职院校与企业合作后第 2 年、第 3 年技术变异的方向发生了变化，高职院校与企业合作后第 4 年技术变异仍按照原来的方向进行（见图 5-2）。

表 5-1　高职教育与区域经济协同发展的技术变异路径系数

显变量	标识	潜变量	Estimate	S. E.	C. R.	P
X_1	<---	UT	1.00	—	—	—
X_1	<---	ET	1.00	—	—	—
X_2	<---	UT	1.00	—	—	—
X_2	<---	ET	-0.71	0.31	-2.30	0.02
X_3	<---	UT	1.00	—	—	—
X_3	<---	ET	-0.24	0.19	-1.77	0.21
X_4	<---	UT	1.00	—	—	—
X_4	<---	ET	0.43	0.13	3.32	***
X_5	<---	UT	1.00	—	—	—
X_5	<---	ET	1.00	—	—	—

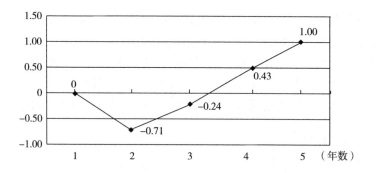

图 5-2　高职教育与区域经济协同发展的技术变异趋势

企业各年技术变异的期望值分别为：

$E(X_1) = 1 \times E(Mean_{ut}) + E(Mean_{et}) \times 0 \approx 3.07$

$E(X_2) = 1 \times E(Mean_{ut}) + E(Mean_{et}) \times (-0.71) \approx 1.52$

$E(X_3) = 1 \times E(Mean_{ut}) + E(Mean_{et}) \times (-0.23) \approx 2.57$

$E(X_4) = 1 \times E(Mean_{ut}) + E(Mean_{et}) \times (0.43) \approx 4.00$

$E(X_5) = 1 \times E(Mean_{ut}) + E(Mean_{et}) \times 1 \approx 5.26$

企业各年技术变异的期望值与潜变量"企业技术"到各测量变量的路径系数的变化趋势基本一致。根据技术变异测量指标的"五点李克特"设计规则，企业第 1 年的技术变异程度属于"一般"，第 2 年的技术变异程度属于"较小"，第 3 年的技术变异程度属于"一般"，第 4 年的技术变异程度属于"较大"，第 5 年的技术变异程度属于"大"。

由于高职院校与企业之间的技术变异是相互的，如果将"企业技术"到各测量变量的路径系数定义为初始值 1，设 $H_1 = 0$，$H_5 = 1$，会发现高职院校的技术变异趋势与企业的技术变异趋势是基本一致的。

2. 技术变异形式

技术本质上是一种知识，就知识形式而言，高职院校与企业之间的技术变异主要表现为显性技术变异和隐性技术变异两种形式。高职教育与区域经济协同发展的技术变异 LGA 模型运行结果表明，高职院校技术与企业技术之间的系数为-0.267，充分证明了高职院校与企业在技术变异过程中技术知识形式的相逆性。

显性技术变异是通过显性技术知识集成化和隐性知识显性化实现的变

异。在高职教育与区域经济协同发展过程中，高职院校向企业输送的技术知识主要是显性技术知识，可以写在图纸、光盘、U盘等载体上。高职院校从事高职技术研发，所使用的技术知识主要有两个来源，一是源于已经形成的其他相关技术，二是源于企业和用户的技术需求（见图5-3）。上述两个来源既是高职院校技术变异的重要基础，也是高职院校技术变异的重要动力。

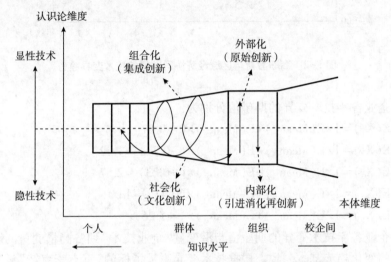

图 5-3　高职教育与区域经济协同发展的技术变异模型

资料来源：根据"Nonaka，I. The Knowledge Creating Company［J］. Harvard Business Review，1991(69)：96-104."整理而成。

隐性技术变异是通过显性技术知识隐性化和隐性技术知识社会化实现的变异。在高职教育与区域经济协同发展过程中，企业向高职院校输送的技术知识主要是隐性技术知识，是技术创新前端的创意、需求等，无法通过图纸、光碟等各种载体表达。企业隐性技术知识来源的渠道主要有两个，一是用户需求的社会化，二是原有技术诱发新的需求。上述两个来源是企业隐性技术变异的重要基础和动力。

3. 技术变异结果

在高职教育与区域经济协同发展过程中，技术变异的结果形成技术创新。自主技术创新主要形式中的原始创新、集成创新和引进消化吸收再创新都是通过技术变异实现的。

原始创新是最高级别的自主创新形式。高职院校关于高职技术的原始创新是通过来自企业的隐性技术知识转化为高职院校的显性技术知识实现的。其中，企业关于产品的创意和技术专家技术知识的反复碰撞与融合，是原始创新产生的重要条件。所以，原始创新的实现需要高职院校与企业之间持续的深度合作。

　　集成创新是最常见的自主创新形式。在高职教育与区域经济协同发展过程中，高职院校和企业要实现集成创新，不但需要不断集成对方的显性技术知识，而且需要从其他创新主体那里集成相关的技术知识。就高职院校与企业之间的集成创新而言，高职院校技术专家和企业技术专家的技术知识各有所长，高职院校技术专家的技术知识偏重理论，企业技术专家的技术知识偏重应用，两者的有机结合更有利于集成创新的实现。

　　引进消化吸收再创新是最容易实现的自主创新形式。在高职教育与区域经济协同发展过程中，企业为缩小同发达国家或地区的差距，经常从发达国家或地区引进先进设备，通过消化销售先进设备中内嵌的先进技术实现创新。如何读懂从发达国家或地区引进的先进设备，如何通过引进实现超越，需要高职院校与企业合作起来。高职院校与企业之间的深度合作，促进引进消化吸收再创新进程。

三、高职教育与区域经济协同发展的人才变异机制

（一）研究设计

　　高职教育与区域经济协同发展的人才变异模型是一种双因子 LGA 模型。根据人才 LGA 双因子模型成长规律，用高职院校与企业合作各年的人才变异度测量潜变量"高职院校人才"和"企业人才"。利用上文研究结果，对高职院校与企业合作 5 年的人才变异度进行调研。用"合作第 1 年人才变异度""合作第 2 年人才变异度""合作第 3 年人才变异度""合作第 4 年人才变异度""合作第 5 年人才变异度"测试"高职院校人才"和"企业人才"的变异程度。采用五点李克特（Likert）法测量高职院校与企业合作后各年的

人才变异程度，1分代表"变异度小"，2分代表"变异度较小"，3分代表"变异度一般"，4分代表"变异度较大"，5分代表"变异度大"。

（二）模型构建

分别用 UT_1、CT_1 代表潜变量"高职院校人才"和"企业人才"，用 Y_1、Y_2、Y_3、Y_4、Y_5 代表高职院校与企业的"合作第1年人才变异度""合作第2年人才变异度""合作第3年人才变异度""合作第4年人才变异度""合作第5年人才变异度"，用 J_1、J_2、J_3、J_4、J_5 代表潜变量"高职院校人才"到测量变量"合作第1年人才变异度""合作第2年人才变异度""合作第3年人才变异度""合作第4年人才变异度""合作第5年人才变异度"的路径系数，用 K_1、K_2、K_3、K_4、K_5 代表潜变量"企业人才"到测量变量"合作第1年人才变异度""合作第2年人才变异度""合作第3年人才变异度""合作第4年人才变异度""合作第5年人才变异度"的路径系数。

在高职教育与区域经济协同发展的人才变异过程中，高职院校与企业之间的作用是相互的。根据双因子 LGA 模型的定义，如果将"高职院校人才"到各测量变量的路径系数定位为初始值1，设 $K_1=0$，$K_5=1$，则高职教育与区域经济协同发展的人才变异 LGA 模型可以表示为：

$$Y_1 = 1.0 \times UT_1 + 0 \times ET_1 + e_1$$
$$Y_2 = 1.0 \times UT_1 + K_2 \times ET_1 + e_2$$
$$Y_3 = 1.0 \times UT_1 + K_3 \times ET_1 + e_3$$
$$Y_4 = 1.0 \times UT_1 + K_4 \times ET_1 + e_4$$
$$Y_5 = 1.0 \times UT_1 + 1 \times ET_1 + e_5$$

将上式变成矩阵方式就成为：

$$\begin{bmatrix} Y_1 \\ Y_2 \\ Y_3 \\ Y_4 \\ Y_5 \end{bmatrix} = \begin{bmatrix} 0 \\ 0 \\ 0 \\ 0 \\ 0 \end{bmatrix} + \begin{bmatrix} 1 & 0 \\ 1 & K_2 \\ 1 & K_3 \\ 1 & K_4 \\ 1 & 1 \end{bmatrix} \begin{bmatrix} UT_1 \\ ET_1 \end{bmatrix} + \begin{bmatrix} e_1 \\ e_2 \\ e_3 \\ e_4 \\ e_5 \end{bmatrix}$$

根据方差、协方差和平均数运算原则，可以推得：

$$K_2 = \frac{Mean(Y_2) - Mean(Y_1)}{Mean(Y_5) - Mean(Y_1)} \qquad K_3 = \frac{Mean(Y_3) - Mean(Y_1)}{Mean(Y_5) - Mean(Y_1)}$$

$$K_4 = \frac{Mean(Y_4) - Mean(Y_1)}{Mean(Y_5) - Mean(Y_1)}$$

同理，如果将"企业人才"到各测量变量的路径系数定位为初始值1，设 $J_1 = 0$，$J_5 = 1$，根据方差、协方差和平均数运算原则，可以推得：

$$J_2 = \frac{Mean(Y_2) - Mean(Y_1)}{Mean(Y_5) - Mean(Y_1)} \qquad J_3 = \frac{Mean(Y_3) - Mean(Y_1)}{Mean(Y_5) - Mean(Y_1)}$$

$$J_4 = \frac{Mean(Y_4) - Mean(Y_1)}{Mean(Y_5) - Mean(Y_1)}$$

通过用 Amos 软件对高职院校与区域经济协同发展的人才变异数据进行模拟，运行出以高职院校为初始值的高职教育与区域经济协同发展的人才变异 LGA 模型(见图5-4)。通过对高职教育与区域经济协同发展的人才变异 LGA 模型进行检验发现，CMIN/DF = 1.89，NFI = 0.911，CFI = 0.905，RMSEA = 0.029，主要拟合参数均通过了检验，说明所构建的高职教育与区域经济协同发展的人才变异机制模型具有较好的拟合优度。

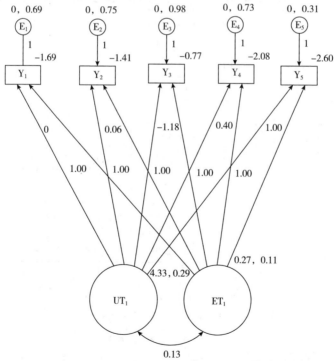

图5-4 高职教育与区域经济协同发展的人才变异 LGA 模型

（三）人才变异分析

1. 人才变异趋势

由高职教育与区域经济协同发展的人才变异 LGA 模型运行结果可知，潜变量"UT_1"与"ET_1"之间的系数为 0.13，说明"高职院校人才"与"企业人才"呈正方向变异，且相互促进的程度为 0.13。潜变量"ET_1"的平均数为 0.27，其人才变异量为 0.11。高职院校与企业合作以后重复测量与第一次测量间的改变量比率分别为 0.06、−1.18、0.40、1.00（见表 5−2）。企业人才与各年变异程度之间的路径系数数据显示，高职院校与企业合作后第二年，人才变异方向发生了变化，其余各年人才变异的方向都一致，互相促进，只是变异程度大小不同而已。

表 5−2　高职教育与区域经济协同发展的人才变异模型路径系数

测量变量	标识	潜变量	估计值	S. E.	C. R.	P
Y_1	<---	UT_1	1.00	—	—	—
Y_1	<---	ET_1	0.00	—	—	—
Y_2	<---	UT_1	1.00	—	—	—
Y_2	<---	ET_1	0.06	0.31	0.19	0.05
Y_3	<---	UT_1	1.00	—	—	—
Y_3	<---	ET_1	−1.18	0.71	−1.67	0.06
Y_4	<---	UT_1	1.00	—	—	—
Y_4	<---	ET_1	0.40	0.32	1.25	0.05
Y_5	<---	UT_1	1.00	—	—	—
Y_5	<---	ET_1	1.00	—	—	—

企业各年人才变异的期望值分别为：

$$E(Y_1) = 1 \times E(Mean_{ut_1}) + E(Mean_{et_1}) \times 0 \approx 4.33$$

$$E(Y_2) = 1 \times E(Mean_{ut_1}) + E(Mean_{et_1}) \times (0.06) \approx 4.35$$

$$E(Y_3) = 1 \times E(Mean_{ut_1}) + E(Mean_{et_1}) \times (-1.18) \approx 4.01$$

$$E(Y_4) = 1 \times E(Mean_{ut_1}) + E(Mean_{et_1}) \times (0.40) \approx 4.44$$

$$E(Y_5) = 1 \times E(Mean_{ut_1}) + E(Mean_{et_1}) \times 1 \approx 4.6$$

将企业各年人才变异期望值和路径系数各年变化趋势绘成折线图如图 5-5 所示。

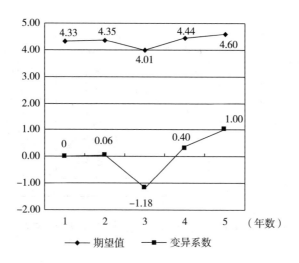

图 5-5　企业各年人才变异度期望值和路径系数各年变化趋势

通过企业各年人才变异度的变化趋势可以看出，在高职院校与企业合作的 5 年期间，第 1 年到第 2 年，人才变异程度呈增大趋势；第 2 年到第 3 年，人才变异程度呈减小趋势；第 3 年到第 5 年，人才变异程度均呈增大趋势。人才变异期望值与潜变量"ET_1"到各测量变量的路径系数变化趋势基本一致。同时，根据人才变异指标的"五点李克特"设计规则，企业各年人才变异程度均超过 4，说明企业各年人才变异程度均"较大"。

由于高职院校与企业之间的人才变异是相互的，如果将"企业人才"到各测量变量的路径系数定位为初始值 1，设 $J_1 = 0$，$J_5 = 1$，会发现高职院校的人才变异趋势与企业人才变异趋势是基本一致的。

2. 人才变异形式

在高职教育与区域经济协同发展过程中，高职教育的主体高职院校的人才主要有高职教师和高职毕业生，企业的人才主要有企业家和企业员工。高职教育与区域经济协同发展的人才变异主要体现在"高职教师""高职毕业生""企业家""企业员工"等方面(见图5-6)。

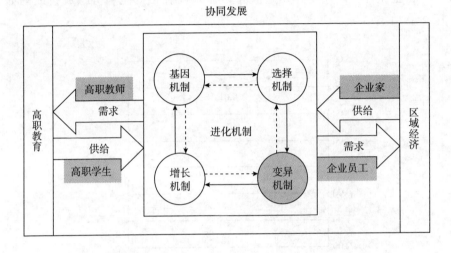

图5-6　高职教育与区域经济协同发展的人才变异形式

高职教师是高职技术的主要创造主体。在高职教育与区域经济协同发展过程中,高职教师向企业提供的技术主要是显性技术,多是内嵌在产品中的技术。在高职教育与区域经济协同发展的人才变异过程中,由于高职教师的工作岗位、工作性质并没有发生变化,因此高职教师变异主要是知识结构的变异,通常体现在显性技术方面。

高职学生变异是高职院校人才变异的另一个重要方面。高职院校培养学生的过程实质上是人才加工过程,高职学生通过学习、实践高职技术,掌握一定的技术和技能,在3~4年后,自身知识结构发生了变异。同时,高职学生毕业后,由学生转变成企业员工,身份发生了变异,由学生时期的学习知识转变为应用知识。

在高职教育与区域经济协同发展过程中,企业家向高职教师提供的知识主要是创意、市场需求信息等隐性知识。企业家提供的隐性知识是高职教师或企业技术创新的重要诱发力量,也是高职技术发展的重要推动力量。高职院校与企业的性质决定了企业家变异主要是创意、商机开发等隐性知识的变异。企业家变异的上游主要是高职教师等技术专家提供的显性知识，以及市场消费者需求变化的信息；企业家变异的下游是高职教师等技术专家。

企业员工是企业相对固定的工作人员，企业员工变异主要发生在企业。每个企业员工在企业都有一个生命周期，随着职业生涯的延续，工作岗位和工作技能不断发生量的变化，当量的积累达到一定程度时，便会发生工作岗位和工作技能质的变化，也就是发生企业员工变异。因此，企业员工变异主要体现在工作岗位和工作技能方面，显性知识转变为技能等隐性知识，以及实现隐性知识显性化，是企业员工变异的重要动力。

四、高职教育与区域经济协同发展的文化变异机制

（一）研究设计

同高职教育与区域经济协同发展的技术变异 LGA 模型、高职教育与区域经济协同发展的技术变异 LGA 模型一样，高职教育与区域经济协同发展的文化变异 LGA 模型也是一种双因子 LGA 模型。根据双因子 LGA 模型成长规律，分别用高职院校与企业合作后各年的文化变异度测量潜变量"高职院校文化""企业文化"。根据试调研结果，用"合作第 1 年文化变异度""合作第 2 年文化变异度""合作第 3 年文化变异度""合作第 4 年文化变异度""合作第 5 年文化变异度"测试"高职院校文化"和"企业文化"的变异程度。采用五点李克特（Likert）法测量高职院校与企业合作后各年的文化变异程度，1 分代表"变异度小"、2 分代表"变异度较小"、3 分代表"变异度一般"、4 分代表"变异度较大"、5 分代表"变异度大"。

（二）模型构建

分别用 UC、EC 代表潜变量"高职院校文化""企业文化"，用 Z_1、Z_2、Z_3、Z_4、Z_5 代表高职院校与企业的"合作第 1 年文化变异度""合作第 2 年文化变异度""合作第 3 年文化变异度""合作第 4 年文化变异度""合作第

5 年文化变异度",用 M_1、M_2、M_3、M_4、M_5 代表潜变量"高职院校文化"到测量变量"合作第 1 年文化变异度""合作第 2 年文化变异度""合作第 3 年文化变异度""合作第 4 年文化变异度""合作第 5 年文化变异度"的路径系数,用 N_1、N_2、N_3、N_4、N_5 代表潜变量"企业文化"到测量变量"合作第 1 年文化变异度""合作第 2 年文化变异度""合作第 3 年文化变异度""合作第 4 年文化变异度""合作第 5 年文化变异度"的路径系数。

根据双因子 LGA 模型的定义,如果将"高职院校文化"到各测量变量的路径系数定义为 1,设 $N_1 = 0$,$N_5 = 1$,那么高职教育与区域经济协同发展的文化变异 LGA 模型可以表示为:

$$Z_1 = 1.0 \times UC + 0 \times EC + e_1$$
$$Z_2 = 1.0 \times UC + N_2 \times EC + e_2$$
$$Z_3 = 1.0 \times UC + N_3 \times EC + e_3$$
$$Z_4 = 1.0 \times UC + N_4 \times EC + e_4$$
$$Z_5 = 1.0 \times UC + 1 \times EC + e_5$$

将上式变成矩阵方式就成为:

$$
\begin{bmatrix} Z_1 \\ Z_2 \\ Z_3 \\ Z_4 \\ Z_5 \end{bmatrix} = \begin{bmatrix} 0 \\ 0 \\ 0 \\ 0 \\ 0 \end{bmatrix} + \begin{bmatrix} 1 & 0 \\ 1 & N_2 \\ 1 & N_3 \\ 1 & N_4 \\ 1 & 1 \end{bmatrix} \begin{bmatrix} UC \\ EC \end{bmatrix} + \begin{bmatrix} e_1 \\ e_2 \\ e_3 \\ e_4 \\ e_5 \end{bmatrix}
$$

根据方差、协方差和平均数运算法则,可以推得:

$$N_2 = \frac{Mean(Z_2) - Mean(Z_1)}{Mean(Z_5) - Mean(Z_1)}$$

$$N_3 = \frac{Mean(Z_3) - Mean(Z_1)}{Mean(Z_5) - Mean(Z_1)}$$

$$N_4 = \frac{Mean(Z_4) - Mean(Z_1)}{Mean(Z_5) - Mean(Z_1)}$$

在高职教育与区域经济协同发展过程中,高职院校与企业的文化变异是相互的,如果将"企业文化"到各测量变量的路径系数定义为 1,设 $M_1 = 0$,$M_5 = 1$,同样可以推出:

$$M_2 = \frac{Mean(Z_2) - Mean(Z_1)}{Mean(Z_5) - Mean(Z_1)}$$

$$M_3 = \frac{Mean(Z_3) - Mean(Z_1)}{Mean(Z_5) - Mean(Z_1)}$$

$$M_4 = \frac{Mean(Z_4) - Mean(Z_1)}{Mean(Z_5) - Mean(Z_1)}$$

用 Amos 软件对调研数据进行模拟，运算出高职教育与区域经济协同发展的文化变异机制 LGA 模型（见图 5-7）。通过对高职教育与区域经济文化变异 LGA 模型进行检验发现，CMIN/DF = 2.76，NFI = 0.903，CFI = 0.927，RMSEA = 0.038，主要拟合参数均通过了检验，说明所构建的高职教育与区域经济协同发展的文化变异机制模型具有较好的拟合优度。

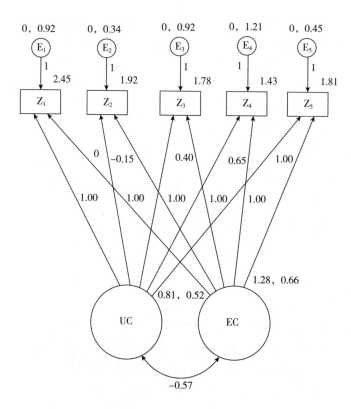

图 5-7 高职教育与区域经济协同发展的文化变异 LGA 模型

（三）文化变异分析

1. 文化变异趋势

由高职教育与区域经济协同发展的文化变异 LGA 模型运行结果可知，潜变量"UC"与"EC"之间的系数为−0.57，说明高职院校文化与企业文化在变异过程中呈反方向变化。潜变量"EC"的平均数为 1.28，表示企业文化变异的平均值，企业文化变异量为 0.66。高职院校与企业合作后重复测量与第一次测量间的改变量比率分别为−0.15、0.40、0.65、1.00（见表5−3）。

表5−3　高职院校与区域经济的文化变异 LGA 模型路径系数

测量变量	方向标识	潜变量	估计值	S.E.	C.R.	P
Z_1	<---	UC	1.00	—	—	—
Z_1	<---	EC	0.00	—	—	—
Z_2	<---	UC	1.00	—	—	—
Z_2	<---	EC	−0.15	0.25	−0.59	0.56
Z_3	<---	UC	1.00	—	—	—
Z_3	<---	EC	0.40	0.12	3.36	0.50
Z_4	<---	UC	1.00	—	—	—
Z_4	<---	EC	0.65	0.12	5.32	0.60
Z_5	<---	UC	1.00	—	—	—
Z_5	<---	EC	1.00	—	—	—

企业各年文化变异的期望值分别为：

$$E(Z_1) = 1 \times E(Mean_{uc}) + E(Mean_{ec}) \times 0 \approx 0.81$$

$$E(Z_2) = 1 \times E(Mean_{uc}) + E(Mean_{ec}) \times (-0.15) \approx 0.62$$

$$E(Z_3) = 1 \times E(Mean_{uc}) + E(Mean_{ec}) \times (0.40) \approx 1.32$$

$$E(Z_4) = 1 \times E(Mean_{uc}) + E(Mean_{ec}) \times (0.65) \approx 1.64$$

$$E(Z_5) = 1 \times E(Mean_{uc}) + E(Mean_{ec}) \times 1 \approx 2.09$$

通过企业各年文化变异期望值和路径系数各年变化趋势可以看出，企业文化变异期望值与路径系数的变化趋势基本一致。同技术变异和人才变异相比，企业文化变异的幅度相对较小。在高职院校与企业合作的5年期间，从第1年到第2年，企业文化变异度呈减小趋势；从第2年到第5年，企业文化变异度均呈上升趋势。说明企业文化变异具有持续性、后发性的特点（见图5-8）。根据文化变异指标的"五点李克特"设计规则，企业各年文化变异的期望值均在3以下，说明企业文化变异均在"一般"水平以下，属于"较小"和"小"水平。

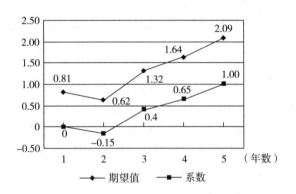

图 5-8　企业各年文化变异期望值和路径系数各年变化趋势

由于高职院校与企业之间的文化变异是相互的，如果将潜变量"企业文化"到各测量变量的路径系数定位为初始值 1，设 $M_1 = 0$，$M_5 = 1$，会发现高职院校的文化变异趋势与企业文化的变异趋势具有一致性特点。

2. 文化变异形式

广义的文化包括心理层面、制度层面、器物层面三个层面。其中，心理层面是文化的核心层，包括思维方式、哲学思想、价值观、信仰体系等；制度层面是文化的中间层，是在思想观念指导下构建的各种制度结构，包括人事管理、经营活动、资产管理等各种正式规则；器物层面是文化的表面层，是在各种制度允许范围内创造出来的生存方法、方式和各种物质成果，包括各种实物性的人工制品等（陈玉川，2011）。

根据知识创新原理，文化的本质是一种知识，文化变异的本质是一种文化创新。高职教育与区域经济协同发展中的文化变异主要指制度层和心理层的文化变异。具体表现在高职院校文化变异、企业文化变异和高职院校与企业文化融通机制变异三个方面。

高职院校文化的心理层面包括办学理念、核心价值观、校长魅力、师生精神面貌等，是高职院校文化的核心。高职院校文化的制度层面包括规章制度、管理观念、制度实施、战略规划等，是高职院校文化心理层的外在规范化表现。根据图 5-3 知识创新模型，高职院校实现文化变异，需要参与者的共同努力。参与者之间关于办学理念、核心价值观、生存发展观等隐性知识的社会化，产生高职院校心理层面的文化变异。将心理层面产生的文化变异固定下来，形成正式的行为规范，就形成了高职院校制度层面的文化变异。高职院校文化变异的动因既有来自高职院校内部的因素，也有来自高职院校外部的因素。在高职教育与区域经济协同发展过程中，企业是高职院校文化变异重要的外部塑造者。

企业文化的心理层面包括企业人共同信守和遵循的基本信念、价值标准、职业道德、企业精神等（许彦华，2013），是企业文化的核心。企业文化的制度层面包括各种规章制度、行为规范、组织规范等，是企业文化心理层面的外在表现，是相对稳定的企业文化层，对企业人的行为规范起着约束作用。企业文化变异通常有内因和外因两种。企业文化变异的内因既有从心理层面开始的，也有从制度层面开始的。企业文化变异的外因很多，在高职教育与区域经济协同发展过程中，高职院校是企业文化变异的一种重要驱动因素。

同高职院校文化和企业文化一样，高职院校与企业之间的融通机制也包括心理层面和制度层面两个方面。高职院校与企业融通机制的心理层面主要包括价值观和道德两个方面。其中，高职院校与企业融通的价值观包括高职院校和企业文化中的学校精神、企业精神、基本信念、价值标准、职业标准、战略规划等。高职院校与企业融通价值的道德是高职院校与企业文化基因中约定俗成的规则，是其伦理文化的根源，决定着双方参与者的伦理思维、伦理决策和伦理行为。高职院校与企业融通机制的制度层面是高职院校与企业文化价值取向的重要体现，主要表现在人事管理制度、物资管理制度、人物协调制度等。高职院校与企业融通机制的变异是双方长期相互作用的结果，这种结果既可以促进高职教育与区域经济协同发展，也可以阻碍高职教育与区域经济协同发展。

本章小结

　　高职教育与区域经济协同发展的基因主要集中在技术、人才、文化等方面。运用 LGA 模型分析高职教育与区域经济协同发展的基因变异，揭示了高职教育与区域经济协同发展过程中的基因变异规律。研究结果表明，高职教育与区域经济协同发展的技术变异与文化变异在发展趋势和双方之间的关系性质方面具有相似性，从第 1 年到第 2 年呈下降趋势，从第 2 年到第 5 年呈上升趋势，且双方之间的路径系数均为负值。高职教育与区域经济协同发展的人才变异转折点发生在第 3 年，双方之间的路径系数为正值。高职教育与区域经济协同发展的技术变异主要有高职院校显性技术变异、企业隐性技术变异两种形式。高职教育与区域经济协同发展的人才变异主要有高职院校显性人才变异、企业隐性人才变异两种形式。高职教育与区域经济协同发展的文化变异主要有高职院校文化变异、企业文化变异和高职院校与企业融通机制变异三种形式。

第六章
高职教育与区域经济协同发展的增长机制

在高职教育与区域经济协同发展过程中，存在决定高职教育与区域经济协同发展的基因，基因的结构、形成和成长机制对高职教育与区域经济协同发展具有重大影响。高职教育与区域经济协同发展过程是高职院校与企业相互选择的过程，高职院校与企业在资本循环的购买、生产、销售等环节存在互补性，互补资源的性质、数量和质量决定高职院校与企业之间的相互选择，决定高职教育与区域经济协同发展的选择机制。在高职教育与区域经济协同发展过程中，有些基因要素如资本发生的变化不大，有些基因要素如技术、人才、文化则会不断发生变异，基因变异的方向、速度等对高职教育与区域经济协同发展质量具有重要影响。

作为高职教育与区域经济协同发展的管理者，为促进高职教育与区域经济协同发展，需要提取影响和决定高职教育与区域经济协同发展的基因，对这些基因进行重点管理。高职院校与企业的相互选择，以及基因变异会影响后续发展基因的质量，优秀基因能够促进高职教育与区域经济协同增长，落后基因则会延缓高职教育与区域经济的协同增长，甚至使高职教育与区域经济发展停滞或后退。

实现高职教育与区域经济协同增长，是对高职教育与区域经济协同发展的基因机制、进化机制、变异机制进行管理的根本目的。那么，提取高职教育与区域经济协同发展基因，优化高职教育与区域经济协同发展的选择机制，促进高职教育与区域经济协同发展基因变异之后，最终如何实现高职教育与区域经济协同增长呢？

一、研究方法

（一）高职教育与区域经济协同增长的特点

同单纯的经济增长相比，高职教育与区域经济协同增长更加强调高职教育的作用，以及高职教育与区域经济之间的相互作用，高职教育与区域经济协同增长具有自身的特点。

1. 产出与投入的相关性

国内外大量研究成果表明，高职教育与区域经济协同增长的产出与投入具有明显的相关性。在高职教育与区域经济协同发展过程中，高职教育与区域经济的投入包括资本、人才、技术、文化等要素，高职教育与区域经济的产出既包括经济产出，也包括技术产出和人才产出。产出与投入的相关性既是高职院校、企业、政府配置高职教育资源和经济、文化资源的重要依据，也是调整高职教育与区域经济协同增长的重要手段。

2. 产出与投入的复杂性

一方面，高职教育与区域经济分别是一个系统，具有自身的发展规律；另一方面，两个系统在高职教育与区域经济协同发展过程中又融为一体，形成一个融合系统。高职教育与区域经济投入变量和产出变量的多样性，决定了高职教育与区域经济投入和产出之间作用的复杂性。复杂性大大提高了高职教育与区域经济协同增长研究的难度。

3. 产出与投入的多元性

在高职教育与区域经济协同发展过程中，高职教育为实现增长进行的投入包括科研投入、师资投入、教学设备投入等，高职教育的产出包括科研成果和高职毕业生。区域经济投入包括人员投入、研发投入、营销投入、生产投入等，区域经济产出包括产值、文化等指标。高职教育与区域经济投入和产出的多元性，是高职教育与区域经济协同增长区别于一般微观经济增长的一个重要标志。

（二）生产函数

1. 生产函数与经济增长

自从经济学产生以来，国内外经济学家为揭示经济增长规律，曾经进行过大量研究。就各位经济学家解释经济增长规律应用的工具而言，现有关于经济增长的研究主要分为两大类。

第一类研究没有应用生产函数来解释经济增长规律，如亚当·斯密（Adam Smith）、大卫·李嘉图（David Ricardo）、托马斯·罗伯特·马尔萨斯（Thomas Robert Malthus）等的古典经济增长理论都没有应用生产函数，主要通过专业化分工解释经济增长规律。Nelson 和 Winter（1982）通过演化分析解释经济增长。上述关于经济增长的研究成果在整个经济增长研究中属于少数。

第二类研究应用生产函数解释经济增长规律，如里昂惕夫生产函数、柯布—道格拉斯生产函数、恒替代弹性生产函数等。用生产函数解释经济增长，是经济增长研究中的多数。

2. 生产函数的扩展应用

生产函数研究大大促进了经济增长研究的进展，以各种生产函数为基础，国内外经济学家建立了大量经济增长模型。应用生产函数研究经济增长问题，将影响经济增长的因素进一步具体化，为解释经济增长原因、提供经济增长政策提供了可靠依据。

生产函数虽然为研究经济问题提供了方便，但也存在缺陷性。经济学家在构造生产函数时，通常先设定一些假设和变量，然后通过选择数据来验证生产函数。数据的可靠性、真实性有待考证和检验。同时，各个地区和国家的情况差别很大，适合一个国家的经济增长理论，特别是适合西方发达国家的经济增长理论，在很多时候并不适合发展中国家。

由于生产函数存在局限性，世界各地根据本地实际情况产生了大量生产函数的扩展应用，其中最典型的是关于柯布—道格拉斯生产函数的扩展应用。如罗默在柯布—道格拉斯生产函数的基础上提出"干中学"和知识外溢模型(Romer,1986),宇泽和卢卡斯(1988)在柯布—道格拉斯生产函数的基础上提出两部门人力资本模型,巴罗(1990)在柯布—道格拉斯生产函数的基础上提出公共产品模型。

高职教育与区域经济协同增长的特点和生产函数应用研究表明,结合高职教育与区域经济协同增长特点,创造性地扩展应用生产函数,可以帮助研究高职教育与区域经济协同增长。由于非线性生产函数可以通过数学变换转化为线性生产函数,所以假定高职教育与区域经济协同增长的生产函数为线性生产函数。

(三) 数据获取

高职教育与区域经济协同增长机制包括高职教育增长机制、区域经济增长机制和双方协同增长机制三个方面。在数据获取方面,高职教育与区域经济增长数据来自第四章"高职教育与区域经济协同发展的选择机制"调研,分别从吉林省、河南省、陕西省选取 200 个调研样本,当时共发放问卷 600 份,有效回收问卷 488 份,有效回收率为 81.33%。就样本分布地区而言,在有效回收的问卷中,来自吉林省的问卷 160 份,占有效回收问卷总数的 32.79%;来自河南省的问卷 150 份,占有效回收问卷总数的 30.74%;来自陕西省的问卷 178 份,占有效回收问卷总数的 36.48%。就样本性质而言,在有效回收的问卷中,关于高职教育与区域经济协同发展的企业选择机制的问卷 234 份,占有效回收问卷总数的 47.95%;关于高职教育与区域经济协同发展的高职院校选择机制的问卷 254 份,占有效回收问卷总数的 52.05%。

高职教育与区域经济协同增长数据来自第三章"高职教育与区域经济协同发展的基因机制"调研,调研时分别从吉林省、江苏省、河南省、陕西省选择了 500 个样本,当时共发放问卷 2000 份,有效回收问卷 1381 份,有效回收率为 69.05%。就所属地区而言,在本次成功调查的样本中,吉林省 338 个,占有效回收问卷总数的 24.48%;江苏省 343 个,占有效回收问卷总数的 24.84%;河南省 342 个,占有效回收问卷总数的 24.76%;陕西省 358 个,占有效回收问卷总数的 25.92%。对样本所属行业而言,在本次成功调查的样本中,高职院校教师 278 人,占有效回收问卷总数的

20.13%；企业工作人员 308 人，占有效回收问卷总数的 22.30%；政府工作人员 234 人，占有效回收问卷总数的 16.94%；高职院校学生 261 人，占有效回收问卷总数的 18.90%。

二、高职教育增长机制

（一）模型构建

高职教育的产出主要包括科研产出和人才产出两个方面，高职教育增长也主要体现在科研成果研发和高职人才培养两个方面。

1. 高职科研成果生产模型

通过对有效回收的 254 份高职院校问卷进行因子分析发现，影响高职院校科研成果的变量主要集中在"科研投入""师资结构""合作机制""服务方式""高校区位""评价方式"等方面，上述变量在高职院校科研资本循环的购买或生产环节的因子得分分别为 0.573、0.654、0.538、0.567、0.655、0.572，说明上述变量对高职院校的科研成果影响比较大。

现在以"科研成果"为因变量，以"科研投入""师资结构""合作机制""服务方式""高校区位""评价方式"为自变量构建高职院校科研成果生产函数。设因变量"科研成果"为 y_1，设自变量"科研投入""师资结构""合作机制""服务方式""高校区位""评价方式"分别为 x_1、x_2、x_3、x_4、x_5、x_6，设 a_1、a_2、a_3、a_4、a_5、a_6 分别为自变量"科研投入""师资结构""合作机制""服务方式""高校区位""评价方式"的弹性系数，设 b 为常数。则高职院校的科研成果生产函数可以表示为：

$$y_1 = a_1x_1 + a_2x_2 + a_3x_3 + a_4x_4 + a_5x_5 + a_6x_6 + b \tag{6-1}$$

2. 高职人才生产模型

通过对有效回收的 254 份高职院校问卷进行因子分析发现，影响高职院校人才培养的变量主要集中在"师资结构""专业设置""教学内容""培养方式""评价方式"等方面，上述变量在高职院校教学资本循环的购买或生产环节的因子得分分别为 0.654、0.576、0.553、0.679、0.572，说明上述变量对高职院校的人才培养影响比较大。

现在以"高职毕业生"为因变量，以"师资结构""专业设置""教学内容""培养方式""评价方式"为自变量，构建高职教育的人才培养生产函数。设因变量"高职毕业生"为 y_2，设自变量"师资结构""专业设置""教学内容""培养方式""评价方式"分别为 x_1'、x_2'、x_3'、x_4'、x_5'，设 b_1、b_2、b_3、b_4、b_5 分别为自变量"师资结构""专业设置""教学内容""培养方式""评价方式"的弹性系数，c 为常数。则高职人才生产函数可以表示为：

$$y_2 = b_1 x_1' + b_2 x_2' + b_3 x_3' + b_4 x_4' + b_5 x_5' + c \qquad (6\text{-}2)$$

（二）数据分析

1. 高职科研成果生产模型回归分析

高职科研成果生产模型的筛选过程表明，该模型采用进入法选入自变量"科研投入""师资结构""合作机制""服务方式""高校区位""评价方式"（见表 6-1）。

表 6-1 高职科研成果生产模型的筛选过程

模型	选入自变量	删除的变量	方法
1	评价方式，科研投入，高校区位，合作机制，服务方式，师资结构[a]		进入法

a.输入所有请求的变量

b.因变量：科研成果

高职科研成果生产模型汇总（见表 6-2）表明，高职科研成果生产模型的 R 值为 0.586，R 平方值为 0.649，说明该模型的拟合效果比较好。

表6-2 高职科研成果生产模型汇总

模型	R	R^2	调整后的 R^2	估计的标准误差
1	0.586[a]	0.649	0.124	0.67295
a.预测因子(常数):评价方式,科研投入,高校区位,合作机制,服务方式,师资结构				
b.因变量:科研成果				

高职科研成果生产模型的方差分析检验结果表明,模型的回归平方和为16.603,残差平方和为95.102,总平方和为111.705。高职科研成果生产模型的系数汇总表明(见表6-3),自变量"科研投入""师资结构""合作机制""服务方式""高校区位""评价方式"的显著性均小于0.05,说明自变量"科研投入""师资结构""合作机制""服务方式""高校区位""评价方式"对因变量"科研成果"具有解释意义。

表6-3 高职科研成果生产模型回归系数汇总

模式		非标准化系数		标准化系数	T 值	显著性
		回归系数	标准误	回归系数		
1	(Constant)	1.681	0.414	—	4.057	0.000
	科研投入	0.113	0.068	0.116	1.666	0.047
	师资结构	0.185	0.068	0.191	2.718	0.007
	合作机制	0.072	0.069	0.071	1.033	0.030
	服务方式	0.155	0.072	0.149	2.145	0.033
	高校区位	0.060	0.065	0.060	0.920	0.038
	评价方式	0.310	0.066	0.032	0.469	0.039
a.因变量:科研成果						

根据模拟出的高职科研成果生产模型系数,高职科研成果生产模型可以表示为:

$$y_1 = 0.113x_1 + 0.185x_2 + 0.072x_3 + 0.155x_4 + 0.06x_5 + 0.31x_6 + 1.681$$

通过拟合出的高职科研成果生产模型自变量系数差异可以看出,在自变量"科研投入""师资结构""合作机制""服务方式""高校区位""评价方式"中,按照对因变量"科研成果"影响程度的大小排序,依次为"评价方式""师资结构""服务方式""科研投入""合作机制""高校区位"(见图6-1)。这说明在高职院校科研成果生产过程中,高职院校对教师的"评价方式"对科研成果生产起着导向作用,除此之外,"师资结构""服务方式""科研投入""合作机制"对高职院校的科研成果生产起着决定作用,"高校区位"虽然对高职院校的"科研成果"具有影响作用,但在6个自变量中所起的作用最小。

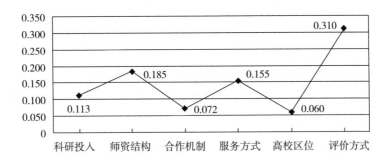

图6-1 高职科研成果生产模型自变量系数差异

2. 高职人才生产模型回归分析

采用进入法选入自变量"师资结构""专业设置""教学内容""培养方式""评价方式",对高职人才生产模型进行模拟。模拟生成的高职人才生产模型汇总表明,高职人才生产模型的R值为0.507,R平方值为0.766,说明所构建的高职人才生产模型拟合效果比较好(见表6-4)。

表6-4 高职人才生产模型汇总

模型	R	R^2	调整后的 R^2	估计的标准误差
2	0.507^a	0.766	0.146	0.66107

a. 预测因子(常数):评价方式,专业设置,教学内容,培养方式,师资结构

b. 因变量:高职毕业生

高职人才生产模型的方差分析检验结果表明,模型回归平方和为18.353,残差平方和为92.209,总平方和为110.562。高职人才生产模型的系数汇总显示,自变量"师资结构""专业设置""教学内容""培养方式""评价方式"的显著性均小于0.05;高职人才生产模型的残差基本服从正态分

布，说明自变量"师资结构""专业设置""教学内容""培养方式""评价方式"对因变量"高职毕业生"具有解释意义(见表6-5)。

表 6-5　高职人才生产模型回归系数汇总

模式		非标准化系数		标准化系数	T值	显著性
		回归系数	标准误	回归系数		
2	(Constant)	1.525	0.389	—	3.920	0.000
	师资结构	0.217	0.069	0.225	3.160	0.002
	专业设置	0.186	0.075	0.169	2.471	0.014
	教学内容	0.093	0.070	0.091	1.318	0.019
	培养方式	0.121	0.073	0.116	1.653	0.039
	评价方式	−0.030	0.063	−0.031	−0.468	0.046

a.因变量：高职毕业生

根据模拟出的高职人才生产模型系数，高职人才生产模型可以表示为：
$$y_2 = 0.217x_1' + 0.186x_2' + 0.093x_3' + 0.121x_4' - 0.030x_5' + 1.525$$

按照自变量"师资结构""专业设置""教学内容""培养方式""评价方式"对因变量"高职毕业生"影响程度的大小排序，各自变量依次为"师资结构""专业设置""培养方式""教学内容""评价方式"(见图6-2)。这说明在高职院校人才生产过程中，自变量"师资结构""专业设置""培养方式"对高职人才生产影响比较大，自变量"评价方式"对高职人才生产虽有影响，但影响程度不及对高职科研成果生产的影响程度。

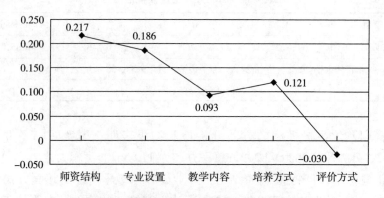

图 6-2　高职人才生产模型自变量系数差异

三、区域经济增长机制

（一）模型构建

通过对有效回收的 234 份企业问卷进行因子分析发现，影响企业产值的变量主要集中在"企业员工""技术需求""合作模式""合作深度""企业高管""发展方式""企业区位""研发投入"等方面，上述变量在企业购买或生产环节的因子得分分别为 0.667、0.581、0.766、0.594、0.582、0.618、0.635、0.505，说明上述变量对企业产值影响比较大。

现在以"企业产值"为因变量，以"企业员工""技术需求""合作模式""合作深度""企业高管""发展方式""企业区位""研发投入"为自变量，构建企业生产函数。设因变量"企业产值"为 y_3，设自变量"企业员工""技术需求""合作模式""合作深度""企业高管""发展方式""企业区位""研发投入"分别为 x_1''、x_2''、x_3''、x_4''、x_5''、x_6''、x_7''、x_8''，设 c_1、c_2、c_3、c_4、c_5、c_6、c_7、c_8 分别为自变量"企业员工""技术需求""合作模式""合作深度""企业高管""发展方式""企业区位""研发投入"的弹性系数，d 为常数。则企业生产函数可以表示为：

$$y_3 = c_1 x_1'' + c_2 x_2'' + c_3 x_3'' + c_4 x_4'' + c_5 x_5'' + c_6 x_6'' + c_7 x_7'' + c_8 x_8'' + d \tag{6-3}$$

（二）数据分析

企业生产模型采用进入法选入自变量"企业员工""技术需求""合作模式""合作深度""企业高管""发展方式""企业区位""研发投入"。通过企业生产模型汇总（见表 6-6）可以看出，企业生产模型中自变量"企业员工""技术需求""合作模式""合作深度""企业高管""发展方式""企业区位""研发投入"和常数的 R 值为 0.402，R^2 值为 0.162，调整 R^2 值为 0.130，估计的标准误差为 0.71046。上述数据表明，所构建的企业生产模型拟合效果基本符合要求。

表 6-6　企业生产模型汇总

模型	R	R 平方	调整后的 R 方	估计的标准误差
3	0.402[a]	0.162	0.130	0.71046

a.预测因子(常数)：研发投入，企业员工，企业区位，合作深度，合作模式，
发展方式，技术需求，企业高管

b.因变量：企业产值

通过企业生产模型的方差分析结果可以看出，模型的回归平方和为 20.292，残差平方和为 104.989，总平方和为 125.281。通过企业生产模型系数汇总可以看出，自变量"企业员工""技术需求""合作模式""合作深度""企业高管""发展方式""企业区位""研发投入"的显著性均小于 0.05，说明自变量"企业员工""技术需求""合作模式""合作深度""企业高管""发展方式""企业区位""研发投入"对因变量"企业产值"具有解释意义(见表 6-7)。

表 6-7　企业生产模型回归系数汇总

模式		非标准化系数		标准化系数	T 值	显著性
		回归系数	标准误	回归系数		
3	(Constant)	1.042	0.500	—	2.086	0.038
	企业员工	0.293	0.069	0.193	2.809	0.005
	技术需求	0.051	0.078	0.045	0.654	0.014
	合作模式	−0.010	0.073	−0.010	−0.133	0.045
	合作深度	0.051	0.080	0.043	0.641	0.022
	企业高管	0.39	0.072	0.041	0.537	0.005
	发展方式	0.15	0.070	0.015	0.218	0.028
	企业区位	−0.008	0.069	−0.007	−0.109	0.013
	研发投入	0.319	0.073	0.293	4.384	0

a.因变量：企业产值

根据模拟出的企业生产模型系数，企业生产模型可以表示为：
$$y_3 = 0.293x_1'' + 0.051x_2'' - 0.010x_3'' + 0.051x_4'' + 0.39x_5'' + 0.15x_6'' - 0.008x_7'' + 0.319x_8'' + 1.042$$

由企业生产模型系数可知，按照自变量对因变量影响程度的大小，各自变量依次为"企业高管""研发投入""企业员工""发展方式""技术需求""合作深度""企业区位""合作模式"，"企业高管""研发投入""企业员工"对企业产值的影响相对较大，"企业区位""合作模式"对企业产值的影响相对较小，如图6-3所示。

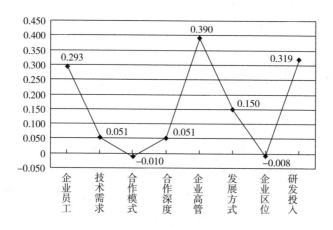

图6-3　企业生产模型自变量系数差异

四、高职教育与区域经济协同增长机制

（一）模型构建

高职教育与区域经济协同增长是在高职技术生产和人才生产，以及企业生产基础上形成的增长现象。"高职科研成果""高职毕业生""企业产值"是形成高职教育与区域经济协同增长的基本动力。

现在以"高职科研成果""高职毕业生""企业产值"为自变量，以"高职教育与区域经济协同增长"为因变量，构建高职教育与区域经济协同增长函数。高职教育与区域经济协同增长函数内嵌在高职科研成果生产函数、高职人才生产函数、企业生产函数中，是以上三个生产函数的集成。设因变量"高职教育与区域经济协同增长"为 y_4，由前面构建的高职科研成果生产函数和高职人才生产函数可知，自变量"高职科研成果""高职毕业生""企业产值"分别为 y_1、y_2、y_3，设 d_1、d_2、d_3 分别为自变量"高职科研成果""高职毕业生""企业产值"的弹性系数，设 e 为常数。则高职教育与区域经济协同增长函数可以表示为：

$$y_4 = d_1 y_1 + d_2 y_2 + d_3 y_3 + e \tag{6-4}$$

（二）数据分析

1. 模拟结果分析

通过用选入法选入自变量"高职科研成果""高职毕业生""企业产值"，构建高职教育与区域经济协同增长模型。由高职教育与区域经济协同增长模型汇总（见表6-8）可知，高职教育与区域经济协同增长模型自变量和常数的 R 值为 0.773，R^2 值为 0.630，调整 R^2 值为 0.516，估计的标准误差为 0.76673。主要决定系数均超过 0.5，说明所构建的高职教育与区域经济协同增长模型拟合效果较好。

表6-8　高职教育与区域经济协同增长模型汇总

模型	R	R^2	调整后的 R^2	估计的标准误差
4	0.773[a]	0.630	0.516	0.76673
a.预测因子（常数）：企业产值，高职毕业生，科研成果				
b.因变量：协同增长				

通过高职教育与区域经济协同增长模型的方差分析检验结果可以看出，模型的回归平方和为 3.878，残差平方和为 125.219，总平方和为 129.097，残差直方图和残差标准 P-P 图均呈正态分布。通过高职教育与区域经济协同增长模型的系数汇总可知，自变量"高职科研成果""高职毕业生""企业产值"的显著性值均小于 0.05，说明自变量"高职科研成果""高职毕业生""企业产值"能够解释因变量"高职教育与区域经济协同增长"（见表6-9）。

表6-9 高职教育与区域经济协同增长模型系数汇总

模式		非标准化系数		标准化系数	T值	显著性
		回归系数	标准误	回归系数		
4	（Constant）	2.874	0.422	—	6.804	0.000
	科研成果	0.063	0.075	0.058	0.836	0.040
	高职毕业生	0.120	0.074	0.111	1.622	0.036
	企业产值	0.101	0.070	0.100	1.456	0.047

a.因变量：协同增长

根据模拟出的高职教育与区域经济协同增长模型系数，高职教育与区域经济协同增长模型可以表示为：

$$y_4 = 0.063y_1 + 0.12y_2 + 0.101y_3 + 2.874$$

通过模拟出的高职教育与区域经济协同增长模型可知，在影响高职教育与区域经济协同增长的三个自变量中，"高职毕业生"对高职教育与区域经济协同增长的影响最大，其次是"企业产值"和"科研成果"。

2. 自变量分析

20世纪30年代，美国数学家柯布（C.W.Cobb）和经济学家保罗·道格拉斯（Pall H.Douglas）通过对美国1899~1922年制造业的资本和劳动因素对生产的影响进行研究，提出柯布—道格拉斯生产函数，其表达式为：

$$Y = AK^{\alpha}L^{\beta} \tag{6-5}$$

式中：A为技术水平；K为投入的资本；L为投入的劳动力数；α为资本产出的弹性系数；β为劳动力产出的弹性系数，$\alpha>0$，$\beta>0$。对式（6-5）两边取对数可得：

$$\ln Y = \ln A + \alpha \ln K + \beta \ln L \tag{6-6}$$

在高职教育与区域经济协同增长过程中，"科研成果"即技术，"高职毕业生"即劳动，"企业产值"即资本。所以，这里所构建的高职教育与区域经济协同增长函数是柯布—道格拉斯生产函数的特殊形式。

高职教育与区域经济协同增长函数既包括高职教育技术生产函数、高职人才生产函数、企业生产函数，又包括高职教育与区域经济协同增长的合作机制、合作模式，是上述几种因素的高度集成。实现高职教育与区域经济协同增长，需要从双方提取先进基因，优化双方之间的选择机制，努力采取措施促进协同发展基因的变异，通过变异实现自主创新，上述过程就是高职教育与区域经济协同发展的进化过程。

 # 本章小结

　　高职教育与区域经济协同增长是高职教育与区域经济协同作用的结果。通过构建高职教育生产函数和企业生产函数刻画高职教育与区域经济协同发展的增长机制。高职教育生产函数主要表现在高职科研成果生产函数和高职人才生产函数方面。高职科研成果生产模型回归结果表明，"评价方式""师资结构""服务方式""科研投入"是影响高职科研成果生产的重要变量。高职人才生产模型回归结果表明，"师资结构""专业设置""培养方式"是影响高职人才生产的重要变量。企业生产模型回归结果表明，"企业高管""研发投入""企业员工"对企业产值的影响相对较大，"企业区位""合作模式"对企业产值的影响相对较小。高职教育与区域经济协同增长模型回归结果表明，在促进高职教育与区域经济协同增长的三个变量中，"高职毕业生"对高职教育与区域经济协同增长的影响最大，其次是"企业产值"和"科研成果"。

第七章
案例分析

为进一步说明如何应用高职教育与区域经济协同进化原理，本章将以吉林省为例，说明高职教育与区域经济协同发展的进化机制优化过程。吉林省作为东北老工业基地，产业结构以重工业为主，在当前我国经济新常态的背景下，东北经济面临新的产业结构调整和升级的双重压力。由于过分依赖固定资产投资，近年来吉林省的经济出现断崖式衰退。在产业结构调整和升级过程中，高职教育扮演着为企业输送人才的重要角色，高职教育与区域经济能否协同发展，是实现吉林省经济转型的关键。通过分析吉林省高职教育与区域经济协同发展的进化机制，解决当前吉林省高职教育与区域经济协同发展面临的突出问题，为促进吉林省产业结构转型和升级、实现吉林省高职教育与区域经济协同发展提供智力支持。

一、提取高职教育与区域经济协同发展基因

吉林省高职教育与区域经济协同发展的基因来自高职教育和区域经济双方。提取吉林省高职教育与区域经济协同发展的基因包括提取高职教育发展基因、提取区域经济发展基因和提取高职教育与区域经济协同发展基因三个方面。

（一）确定高职教育发展指数

1. 高职教育发展指标

为衡量吉林省高职教育发展水平，从科研和教学两个方面选取 10 个指标进行评价。科研指标主要包括合作机制、科研成果、服务方式、科研投入、评价方式，教学指标主要包括专业设置、培养方式、师资结构、教学内容、高职毕业生。

2. 高职教育发展指标权重

采用由熵权法改进的层次分析法对吉林省高职教育发展的各个指标进行赋权，在赋权的基础上构建吉林省高职教育发展指数。以前经常用层次分析法确定评价指标权重，由于层次分析法得到权重的判断矩阵是通过专家打分，各个指标的相对重要性主要依据专家的个人经验和主观偏好，因而包含较多的主观意愿，为了减弱权重的主观性，利用信息熵法对权重进行修正。具体操作如下：

第一，对判断矩阵 A 做归一化处理

$$f_{ij} = A_{ij} \Big/ \sum_{j=1}^{q} A_{ij} (i, j = 1, 2, \cdots, q)$$

第二，利用熵法求取熵值

$$\mu_j = - \sum_{i=1}^{q} f_{ij} \log_2 f_{ij}$$

第三，确定指标 A_j 的信息权重

$$a_j = \mu_j \Big/ \sum_{j=1}^{q} \mu_j$$

第四，修正 W' 的权重

$$W_j = c_j w_j \Big/ \sum_{j=1}^{q} c_j w_j，w_j 是 W' 的列元素。$$

3. 高职教育发展数据处理

分别从吉林省高职教育和经济领域选择 10 位专家，对反映高职教育和区域经济发展水平的功能层和指标层的各个指标进行打分评级。在打分的基础上，利用层次分析软件 yaahp，将打分结果构建成两者各层级的判断矩阵，经过一致性检验，发现各个判断矩阵均通过，从而得到功能层和指标层各个指标的权重，按照前文熵权法修正权重的步骤，我们对得到的权重进行修正，可以得到各个指标的权重（见表 7-1）。利用熵权法修正后的权重，可以剔除部分人为因素干扰，使各指标权重的赋权更加客观。

表 7-1 吉林省高职教育发展水平各指标权重

目标层	功能层	指标层	AHP 权重	熵权法修正权重
高职教育发展水平	科研	合作机制	0.0517	0.0513
		科研成果	0.1472	0.1471
		服务方式	0.0350	0.0349
		科研投入	0.1365	0.1373
		评价方式	0.0870	0.0866
	教学	专业设置	0.1308	0.1307
		培养方式	0.0979	0.1006
		师资结构	0.0669	0.0649
		教学内容	0.1813	0.1811
		高职毕业生	0.0657	0.0655

利用修正后的权重对吉林省高职教育各指标的标准化数据进行加总，得到吉林省高职教育发展指数。

（二）确定区域经济发展指数

1. 区域经济发展指标

现在选取企业员工、技术需求、合作模式、合作深度、企业高管、发展方式、研发投入、产品结构、市场需求、企业产值 10 个指标，评价吉林省经济发展水平。

2. 区域经济数据处理

利用层次分析软件对吉林省的经济分析指标进行处理,得到 AHP 权重,利用熵权法对得到的权重进行修正,可以得到吉林省经济发展各指标的权重(见表 7-2)。利用修正后的权重对各指标标准化数据进行加总,得到吉林省经济发展指数。

表 7-2 吉林省经济发展水平各指标权重

目标层	指标层	AHP 权重	熵权法修正权重
经济发展水平	企业员工	0.1035	0.1034
	技术需求	0.0597	0.0588
	合作模式	0.0691	0.0689
	合作深度	0.0836	0.0833
	企业高管	0.1890	0.1887
	发展方式	0.0689	0.0687
	研发投入	0.1733	0.1729
	产品结构	0.0671	0.0670
	市场需求	0.0355	0.0382
	企业产值	0.1503	0.1501

(三)提取高职教育与区域经济协同发展基因

1. 高职教育与区域经济协同发展模型

利用由熵权法改进的层次分析法可以构建高职教育与区域经济发展指数,并在此基础上构建高职教育与区域经济协同发展模型,从而提取高职教育与区域经济协同发展基因。

高职教育发展指数为:

$$GJ = \sum_{i=1}^{2} \sum_{j=1}^{m} W_{ij} X_{ij} \qquad (7-1)$$

区域经济发展指数为：

$$JJ = \sum_{j=1}^{n} W'_{ij} Y_{ij} \tag{7-2}$$

其中，GJ 代表高职教育发展指数，JJ 代表区域经济发展指数；X_{ij}、Y_{ij} 分别代表高职教育和区域经济第 i 个功能层下第 j 个指标标准化的数值，W_{ij}、W'_{ij} 分别代表高职教育与区域经济第 i 个功能层下第 j 个指标对应的经熵权法修正后的权重。

利用回归思想，高职教育发展指数与区域经济发展指数之间的线性回归模型可以表示为：

$$GJ = \alpha + \beta \times JJ + u_i \tag{7-3}$$

利用上述模型和区域经济实际发展指数，得到与之对应的高职教育发展指数 GJ^*。再利用模糊数学的隶属度思想，可建立协同度指标，以表示在给定的数值下某一系统隶属模糊集协同的程度，具体如式（7-4）所示：

$$C = \exp\{-|GJ - GJ^*|/\sigma_{GJ}\} \tag{7-4}$$

其中，C 代表高职教育与区域经济的协同程度，即高职教育的实际值与区域经济要求的高职教育水平值的接近程度。σ_{GJ} 代表 GJ 的标准差。C 的取值范围为[0，1]，越接近 1，代表协同程度越好。

2. 高职教育与区域经济协同发展测算

为了得到与区域经济发展相对应的高职教育发展指数，利用式（7-3）对高职教育发展指数和区域经济发展指数进行回归，可以得到如下结果：

$$GJ = 0.8821 \times JJ + 0.075 \tag{7-5}$$

从回归结果来看，JJ 和常数项 C 的 t 统计量的伴随概率都通过了 5% 的显著性水平检验，符合我们的结果，同时 F 统计量的伴随概率为 0，方程整体显著。$R^2 = 0.920195$，调整后的 $R^2 = 0.914056$，拟合程度较高。方程回归的结果较好。利用式（7-5）和前面计算出的区域经济发展指数，可以得到与之相对应的高职教育发展指数 GJ^*。结合式（7-4），可以得到吉林省 1997~2009 年高职教育与区域经济协同的情况（见表7-3）。

表 7-3 吉林省 1997~2009 年高职教育发展指数与区域经济发展指数及其协同度

年份	高职教育发展指数	区域经济发展指数	协同度
1997	0.1361	0.0825	0.9482
1998	0.1794	0.0502	0.7600
1999	0.2115	0.0814	0.7442
2000	0.2171	0.2816	0.6152
2001	0.2526	0.2082	0.9726
2002	0.3105	0.2662	0.9971
2003	0.3494	0.3508	0.8517
2004	0.3784	0.3935	0.8189
2005	0.4476	0.3760	0.8295
2006	0.5027	0.4526	0.8782
2007	0.4908	0.5828	0.6380
2008	0.5458	0.6197	0.7070
2009	0.6370	0.5552	0.7189
均值	0.4191	0.3901	0.8033

3. 高职教育与区域经济协同发展基因提取

将吉林省 1997~2009 年的高职教育与区域经济协同度绘制成折线图（见图 7-1）。由图 7-1 可以看出，1997~2009 年，吉林省高职教育与区域经济的协同度变化可以分为三个层次。第一个层次是高职教育与区域经济的协同度最好的年份，高职教育与区域经济的协同度超过 0.9，包括 1997年、2001 年、2002 年；第二个层次是高职教育与区域经济的协同度中等的年份，高职教育与区域经济的协同度在 0.8~0.9，包括 2003 年、2004 年、2005 年、2006 年；第三个层次是高职教育与区域经济的协同度较差的年份，高职教育与区域经济的协同度在 0.8 以下，包括 1998 年、1999 年、2000 年、2007 年、2008 年、2009 年。

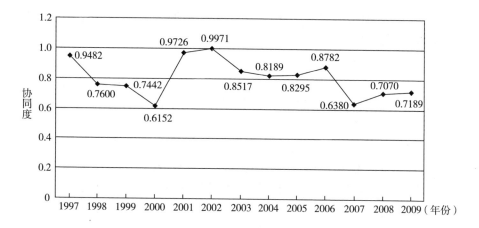

图 7-1 1997~2009 年吉林省高职教育与区域经济协同度变化趋势

实践证明,高职教育与区域经济协同度较好,而且具有稳定性的年份,是高职教育和区域经济各变量表现较好的年份,可以将高职教育和区域经济各变量在这些年份的做法和表现作为优秀基因加以强化,形成高职教育与区域经济协同发展的优秀基因。

从图 7-1 可以看出,2001~2006 年,是吉林省高职教育与区域经济协同度较好的年份,高职教育与区域经济的协同度在这段时期一直保持在第一层次和第二层次,可以将这段时期的高职教育与区域经济各变量的做法和表现作为优秀基因加以强化,作为吉林省高职教育与区域经济协同发展的优秀基因,充分发挥这些基因对吉林省高职教育与区域经济协同发展的作用。

吉林省高职教育发展的基因变量包括合作机制、科研成果、服务方式、科研投入、评价方式、专业设置、培养方式、师资结构、教学内容、高职毕业生等,吉林省经济发展的基因变量包括企业员工、技术需求、合作模式、合作深度、企业高管、发展方式、研发投入、产品结构、企业产值、市场需求等,吉林省高职教育与区域经济协同发展的基因变量包括技术、资本、技术工人、企业家、高职教师、文化等。通过对 2001~2006 年吉林省高职教育与区域经济基因变量进行分析,提炼出这段时期技术、资本、技术工人、企业家、高职教师、文化等高职教育与区域经济协同发展的基因,强化这些基因在吉林省以后高职教育与区域经济协同发展中的作用。优秀基因会创新吉林省高职教育区域经济协同发展的模式，改变吉林省高职教育与区域经济协同成长的轨迹。

二、优化高职教育与区域经济协同选择

就吉林省内部而言，高职教育与区域经济是协同发展的，但就全国而言，吉林省的高职教育与区域经济协同发展的水平，与北京市、上海市等发达省市相比还存在巨大的差距。同时，吉林省高职教育与区域经济协同发展有走低趋势，需要引起高度重视。

（一）优化区域经济结构

吉林省的经济增长点主要集中在交通运输设备制造、石化产业、农副产品加工产业、医药产业这几个领域。吉林省的三大支柱产业分别为汽车、石化、农产品加工。这三大支柱产业，加上医药、电子两大优势产业，从 2004 年开始的增加值和利润稳定地占到全省规模以上工业产值的70%。这三大支柱产业、两大优势产业成为吉林省经济的基石。吉林省的经济结构存在一些问题，这严重限制了高职院校与企业之间的相互选择，影响到高职教育与区域经济之间的协同发展。

1. 交通运输设备制造业产业集群

吉林省的第一大支柱产业是以汽车产业为主的交通运输设备制造。近些年来，政府为鼓励汽车产业集群的发展，从整体的区域布局、政策支持、基地建设等方面给予了多方面支持。吉林省的运输设备制造，主要以汽车制造为主。总体看来，目前形成了以一汽为核心、各种汽车零部件生产为配套、各种汽车服务为补充的产业集群。截至 2011 年，吉林省拥有规模以上交通运输设备制造企业 417 家，其中汽车制造企业 387 家，占比 92.8%；交通运输设备制造企业实现工业总产值 4879.5 亿元，其中汽车制造企业实现工业总产值 4608.6 亿元，占比 94.4%（吉林省统计局，2012）。

在吉林省，主要的经济发动机、经济前进的引擎、经济的"晴雨表"就是汽车产业。一汽汽车产量在国内领先，成为目前我国国内经济规模最大的汽车产业集团。一汽集团不断巩固国内市场，同时在开拓国外市场的基础上建立起了全球性的营销体系、采购体系。一汽集团是一个综合性的汽车生产集团，生产形成中、重、轻、轿、客、微产品系列格局。

截至 2015 年 5 月，一汽集团累计产销各类汽车 2400 余万辆，基本形成了华北、华南、东北、西南四大基地。这些基地分布于吉林、长春、哈尔滨、大连、北京、天津、青岛、无锡、成都、柳州、曲靖、佛山、海口等城市。

同时，在一汽集团的带动下，汽车零部件制造产业得到了迅速发展。零部件制造企业通过各种合作形式发展起来，比如，海拉车灯制造、富奥制造等具有相当规模和实力的企业正在迅速发展壮大。

一汽集团是吉林省最主要的核心支柱产业。一汽集团存在的自主创新能力差、国际竞争力不足、产业集群度低、配套产业发展滞后等问题，正在制约一汽和吉林省经济的发展。

第一，自主创新能力差。一汽集团存在的创新问题是国内汽车行业的通病，即一味地模仿。到目前为止，一汽集团只有解放、红旗两个完全自主知识产权的品牌，而且一汽集团用于研发的费用仅占销售收入平均值的3.2%左右，而国际化的汽车集团在整车研发上的投入几乎占到了销售收入平均值的四成。

第二，国际竞争力不足。国际汽车市场到目前为止仍然被几大汽车集团垄断，吉林省汽车行业的国际竞争力不足体现在许多方面。比如，整车的销售，因为缺乏自主知识产权，大部分是合资汽车，销售市场局限于国内，与其他国外品牌的汽车相比明显处于劣势，在汽车产业国际分工中处于低端位置。在零部件生产方面，吉林省的零部件配套生产的基本上都是一些传统部件，层次低，技术含量低，产品附加值更低。从数量上看，为一汽配套的零部件生产厂，在吉林省有 200 多家，在全国范围内有上千家，吉林省只占到了很小的份额，因此对区域经济的拉动能力有限。

第三，产业集群度低。吉林省的汽车产业，尚未形成像美国底特律、日本丰田城那样大的产业集群，没有形成很强的汽车产业竞争力。

第四，配套产业发展滞后。在国际汽车市场上，成熟的汽车市场产业链是以汽车服务业为主的，整车制造占 1/5，供应链利润占 1/5，而汽车服务则占到 3/5。整体看来，利润最高的是汽车服务，但是吉林省的汽车服务业发展缓慢，层次较低。

2. 石化产业集群

石化产业是吉林省的第二大支柱产业。吉林省的生物化工、无机化工、化肥、油页岩化工全国领先；其他业务还涵盖了石油开采及加工、橡胶及加工、基本化工原料、化学试剂、合成树脂等。石化产业基本形成了以吉林油田、吉林石化两大企业为龙头，以长山化肥、长春大成、四平昊华、龙腾能源几个重点企业为依托的集群化发展格局。其中吉化公司、四平昊华为央企，其他多数企业属于中小型企业。

吉林省的石化产业已经基本形成集聚化格局。吉林省石化产业存在的瓶颈和问题正在制约吉林省石化产业和吉林省经济的发展。

第一，整体石化行业的效益不好。大部分企业遭受着来自下游的需求不旺盛、生产要素成本逐渐提高的双重压力，两方面压力直接带来了效益的下滑。另外，除了吉化公司、四平昊华等央企，其他中小型企业技术含量较低，销售市场主要依靠省外，导致物流成本较高，很多炼油厂基本处于亏损状态。吉林油田总体效益较好，其他石化企业效益不佳。

第二，运行成本不断提高。目前环保、安全、水电、人力等各个方面的价格都在不断提升，企业运营成本不断加大，利润空间越来越小，经营越来越困难。首先是税费增长快，石油化工行业的每百元财务成本高达39.5 元。其次是主营业务成本高，根据统计测算，吉林省的石油化工行业中，每百元的主营业务成本是 83.3 元，每百元的化工销售成本为 87.1 元，上升 11.7 个百分点。因为石化行业大多是危险品生产企业，企业生产的安全成本也不断提高。目前有一部分企业设备简陋、安全投入较少，安全形势严峻，不断加强安全生产也使部分企业的运营成本增加（贾领军、刘健，2013）。

第三，所处的经济环境不容乐观。自 2013 年以来，国内外整体的经济环境都不理想。欧美等发达国家的经济发展持续低迷，中东地区的整体局势并不稳定，这带来的是石化企业的需求减弱。国内外的整体需求不足将在最近一个时期内持续较长时间，而受国内外整体经济形势影响，吉林省的石化行业也面临需求不足的问题。另外，就石油、天然气开采而言，产量较高的老井生产能力在递减，新井的开发及产出能力又不足，总体的原油开采量不会有很大提升。下游的炼油行业因为原油产量的不足在生产负荷上存在困难，炼油行业因为目前的定价机制而始终处于亏损状态。化工行业的产品附加值比较低，产业链条较短，因此效益也不理想。

3. 农副产品加工业产业集群

农副产品加工业是吉林省的支柱产业之一。到目前为止，吉林省的农副产品加工已经初步形成了以玉米深加工为主导且国内领先，以其他粮食深加工、生态食品加工、肉类食品加工为体系的集群式发展格局。长春大成、吉林德大、长春皓月等大型企业的建成，初步形成了具有较强竞争力的农副产品加工企业集团，这些集团规模大、核心竞争力强。如 2011 年，农副产品加工业实现工业总产值 2194.6 亿元，规模以上企业 821 个，企业数量在吉林省各行业中居首位。

吉林省的玉米、猪牛羊、禽类、人参等名贵中药材的生产加工规模与水平在全国都处于领先地位。尤其吉林省的玉米的人均占有量、商品量都排在全国各个省市的首位，是名副其实的农业大省。

4. 医药制造业产业集群

总体看来，吉林省的医药制造，也初步形成了产业集群，省内有 4 个医药园区、12 个中药产业基地县。吉林省的医药制造，主要以生产中成药为主，生物制药、化学制药、医疗器械等作为补充。2012 年，全省医药制造业共实现销售产值 1550 亿元，同比增长 34.7%。其中，规模以上医药制造业实现销售产值 1034.5 亿元，同比增长 18.3%，迈上千亿元新台阶（许晶,2013）。

5. 其他产业集群发展状况

吉林省初步形成了冶金产业集群，集群涵盖通钢集团、中钢吉铁、中钢吉炭、吉林昊融有色集团，主要以钢铁、冶金炉料、有色金属采矿及冶炼加工为主。

以松原市、长春市双阳区为核心初步形成了矿产资源产业集群，另外，延边、吉林、白山、通化等地的矿产资源开发与加工基地也在逐步成熟。

酒类、饮料等产业集群起步较晚，特征尚不明显。饮料产业布局主要以长春、吉林、白山、通化为主。

吉林省的金融、旅游、物流、电信服务等现代服务行业发展迅速，对整个吉林省的经济增长贡献比例上升明显。比如，电信服务行业的业务量达到了年均20%的增速；2003年的业务量为200100亿元，到2008年增长到了438185亿元。

吉林省产业结构存在的根本性问题，是造成吉林省高职教育与区域经济协同度在全国范围内比较低的主要因素。产业结构不合理，直接制约了经济发展的速度，经济发展速度与质量不高，无法向高职教育提供足够数量和质量的资本、市场等资源。

（二）提高高职教育发展水平

目前，吉林省的高职教育尚未发挥出高职教育应有的"知识经济主导社会前进"的职能。作为社会的子系统，高职教育的发展离不开一定的社会环境和社会条件。吉林省高职教育的发展，受到区域因素、财政资源、人力资源、地域布局、管理体制、教育结构等内外部因素的制约。

1. 区域因素

地缘优势对高职教育的发展至关重要。吉林省地处我国的东北部，从全国范围来看，地缘上并不存在优势可言。因此，吉林省的高职教育与华东、华中、华南等地区的高职教育相比，在综合竞争力、投入、基础设施、科研产出、成果转换、学科发展、学科竞争力等方面都存在很大差距，而且吉林省所处的东北部地区，与我国南部地区相比，市场经济环境发育不够完全，相对保守、封闭。这样的环境不利于作为公共组织的高职教育体系的快速发展。

2. 财政资源

吉林省属于"穷省"办大教育，高职教育经费紧缺是困扰吉林省高职教育发展的一个重要难题。这种难题主要来自两个方面。第一，吉林省尚未形成多元化的高职教育投资体制。目前，吉林省的高职教育投入，主要以政府投入为主，社会办学、举办者投入等机制尚未形成；第二，高职教育经费投入与全国其他省份相比差距较大。吉林省的高职教育主要依靠财政投入，负债多、压力大、来源单一。

3. 人力资源

对吉林省而言，虽然高职教育超前于经济发展，但是高职教育培养出的高精尖人才大多难以留在吉林省产生较大效应。吉林省难以吸引到高层次、高水平的拔尖人才，难以充分发挥高职教育自身所具有的经济功能。

4. 地域布局

从《吉林统计年鉴 2012》可以看到，吉林省现有高等院校 58 所，其中长春市 39 所，占 67%；吉林市 5 所，占 8.6%；四平市 5 所，占 8.6%；白城市 3 所，占 5.2%；辽源市 1 所，占 1.7%；白山市 1 所，占 1.7%；松原市 1 所，占 1.7%。从这些数据可以看出，吉林省高职教育的地域分布严重不均，近七成的高等院校集中于省会城市。从地域分布来讲，发达国家和地区的研究型、综合型大学，主要集中在大城市，学科发展与交流便利。应用型、以培养技术人才为主的高职院校主要分布在中小城市，便于经济结构调整、产业升级。吉林省的中小城市很少存在高职院校，也难以留住、吸引外来的优秀人才。中小城市难以从本地获取人力资源，促进当地经济快速发展。

5. 管理体制

管理体制方面的问题主要包括高职教育管理体制问题和高职院校内部管理体制问题两个方面。就高职教育管理体制问题而言，吉林省高职教育管理的主体是政府，存在较多的越位、缺位情况，并存在"大政府"现象，对市场需求缺乏灵活、灵敏的反应；就高职院校内部管理而言，行政权力、学术权力较难耦合，行政干预过度，面向社会、市场办学的能力还需要进一步提升。

6. 教育结构

高职院校专业结构的区域服务指向性不强。部分高职院校的学科门类少，学校的发展定位不清晰，造成学科专业设置、学科特色不强，与区域经济发展需求结合不紧密。

高职院校各种类型、层次结构不合理，龙头性、引领性的高职院校较少。没有一所全国知名的高职院校。现有高职院校以大专、中专为主，缺乏本科、研究生层次的高职院校，高职毕业生晋升无门。现有高职院校的专业设置与地方经济发展的相关性较弱。

（三）提升高职院校自主创新能力

在经济转型和社会转型的特殊时期，中国高职院校的管理者面临着各种各样的特别是短期利益的诱惑，有些高校在短期利益与长期利益的博弈当中迷失了自己，选择了"先抓住眼前利益"。目前，地方政府包括高职院校拥有较多的办学自主权，整个社会处在向"高职教育大众化跑步前进"的不断扩招节奏当中。但是，高职院校管理者从观念到实践还"害怕错失战略机遇"，没有完全适应面向社会自主办学。在这种背景下，提升吉林省高职教育的自主创新能力需要更新办学价值观、转变办学程序、端正办学观念、调整办学定位。

1. 更新办学价值观

观念问题是目前制约吉林省高职教育与区域经济协同发展的根本问题。无论是从规模扩张，还是从专业设置上，吉林省高职教育与区域经济的发展都存在认识上的偏差。吉林省的高职院校，没有很好地形成高校主动适应社会发展、面向社会需求自主办学的发展取向。上级部门的规划和办学思路对高职院校办学也有一定的影响。

从我国职业教育的发展历程来看，高职院校的科研经费主要来自各级政府，这使高职院校很难建立起面向社会自主办学的观念和机制。在这种资源配置体制下，高职院校争相竞争，以获得更多的资金适应社会经济发展的各种需求。甚至出现了没有争取到充足的资源配置，高职教育就会落后于经济发展，更谈不上为经济发展服务的偏颇想法，这种想法一度造成了资源竞争，产生了浪费，看似为促进高职教育发展，但是其核心并没有做到真正意义上的"服务于、匹配于社会经济发展水平"。高职教育应积极探索政府、企事业单位和高职院校三位一体的融资方式，合理运用来自政府和企事业单位的可竞争性和非竞争性资源，以开展具有前瞻性和直接面向市场的研究工作。

2. 转变办学程序

"农业大学办起了外语学院"也许是对这种"先做大、再做强"的办学心理最好的注解。当然，不是说农业类的大学不能开办外语学院。农业类的大学开办外语学院，这种现象背后所掩盖的、反映的是一个时代中政府资源的配置问题。

最近十年，吉林省高职教育发展的突出特点是学校规模的不断扩大。这是一种把学校规模、专业数量与学校综合办学实力、水平、影响力等同的逻辑。从高职院校所制定的发展规划、发展战略可以看出，几乎所有高职院校的规划都侧重于数量的提升，如招生规模、专业数量等。

在高职教育需要大众化的阶段，并不是说先做强的扩张规模的逻辑有问题。扩大规模与数量在特定历史时期具有内在必然性，但问题是如何去扩大规模与数量。做大了有可能做强，但做大了不是一定会做强的，也更有可能做弱。

对于如何做大。做大，可以是"大而全"的做大，也可以是在原有结构优势基础上的做大；做大，可以是高速增长式地做大，也可以是有步骤、有节奏地根据社会发展的需求合理控制性地做大。不考虑内涵建设、专业优势建设、结构优化的做大，极有可能是越大越弱。

事实上，高职院校在规模扩张、专业设置调整等方面必须十分谨慎。要做规模扩张、增设新的学科门类和专业设置等，是一个要分层论证的过程，首先要考虑社会是否具有相应的需求；学校在此类学科方面是否具有办学基础、办学传统或者办学优势；在整体的学校发展、专业之间、科类之间是否可以做到优势互补、相互支撑等。

3. 端正办学观念

在最近十年的发展过程中，高职院校所处的时代环境可谓是"扩招机会实在难得"的办学时期。

在计划经济体制之下，高职教育资源主要是政府调配的，学校的发展规模、专业设置等需要上级部门审批。目前高职院校正处在一个社会剧变与转型的历史时期，在市场经济条件下，权力逐渐被放给市场、社会。在这个时期，高职院校具有很大的自主权。在这种环境中，由于相应的政策与法律还不健全、相应的研究与认识尚不到位，出现了类似"钟摆效应"的发展特征，多数高职院校都抱着"机不可失、失不再来"的心理开始快速扩张。因此，大学城、新校区等雨后春笋般应运而生，扩大招生规模、增加学科专业种类与数量、合并相关的学校等扩张现象随处可见。在这些扩张中，有合理的扩张，也有非理性的、盲目的扩张。高职院校的发展在这个阶段出现了自我膨胀与迷失。

4. 调整办学定位

对高职院校的定位，吉林省大部分高职院校都没有重视这个问题。这个问题从办学的本质上来说是一种办学的"短期利益"与"长期利益"关系的问题，即高职院校是否会为了追求短期内的数量而牺牲一部分学校声誉，还是在数量的扩张诱惑下做到有计划、有步骤地扩张，平衡好质量与数量的矛盾关系，维护好学校的质量声誉，实现高职院校长期的可持续发展、内涵式发展。吉林省有些高职院校，面对国家特定阶段内的扩招政策，过多考虑短期利益，没有考虑到院校的声誉，造成了高职教育质量的下降。从战略管理的角度来看，高职院校的管理者没有彻底认识清楚什么是高职院校这个公共组织的核心竞争力。就高职院校而言，其办学质量、办学特色才是在市场经济中立于不败之地的核心竞争力。失去了核心竞争力，其他的根本无从谈起。在这方面，西方发达国家的做法值得借鉴。

吉林省大部分高职院校面对已经市场化了的社会，自身缺乏定位意识，面对各种短期办学利益的诱惑，自身又难以加强自律、不断提升自身的自律能力。在市场经济体制中，按正常的办学状态来说，高职院校要做好的是在"尊重市场规律"的同时"尊重知识规律"办学，做好两者的均衡，不能盲目扩张、不能过分注重短期利益，这样的办学态度更加有利于国家和社会长远的利益，也是对人才培养真正地负起责任。高职院校按照市场规律和知识规律办学，可能会损失部分短期利益，但是高职院校、高职教育要想获得长远的、可持续性的发展和成功，这是必须坚守的。

高职院校作为公共部门组织，既要"适应"市场对人才的需求，又不能完全地"盲目迎合"市场。面对强大的市场需求以及其他高职院校相继开设热门专业，高职院校要走"在自己优势上做强"的道路，根据自己的专长与特色，合理定位，加强自律，顾及长远发展，这是高职院校面临市场需求需要具备的一种正确、合理的定位意识。既要适应，又不能盲目迎合，看似矛盾，却必须认真对待。但现实是吉林省的高职院校超前于经济水平发展，除了观念、体制等各个方面的因素，很大程度上是因为高职院校在面临市场大量需求诱惑时，出现了"自身定位意识及自律能力不足"的问题。

这种自身定位意识差、自律能力不足的问题之所以产生，也与传统计划经济时代的办学惯性有关。在计划经济时代，高职院校发展的战略选择、办学性质、办学思路、办学目标、办学规模、办学速度、办学效益、学科结构、教师工资、学生就业等一系列问题都不是由学校自主规划的。因此，特色观念淡薄、自律性差、办学定位能力差是计划经济体制下办学的弱势体现。学校的办学自主性弱，高职院校基本上不具备以市场为导向的自主办学能力，对学校培养专门人才的数量、种类、社会需要、市场发展需要等外在环境的变革缺乏必要的兴趣、热情以及敏感性。

随着社会主义市场经济体制的不断确立、发展、成熟，主管部门赋予高校更多的办学自主权，高校自主办学的意识开始慢慢苏醒，高职院校面向市场、面向社会自主办学的观念也在慢慢增强。目前吉林省大部分高职院校自主办学的能力在"面对市场"方面，仍然处于初级阶段。

高职院校作为一种公共组织部门，和市场中的私立组织一样，在刚刚接受市场经济洗礼之时，普遍存在通过规模扩张的方式发展事业的强烈冲动。这种规模扩张的思路因为缺乏自律、约束机制，容易使一个组织迈进盲目发展、冒进发展的"雷区"，很多高职院校不管其发展基础与特色，竞相开设各种热门专业。很多高职院校不顾自身发展基础和条件，以及社会发展水平的需求、长远发展的需求，看到市场有短期利益、短期需求时，就开始大量投入人、财、物各种资源，开设各种专业。

面对各种市场需求，高职院校既不能直接无视，又不能过分迎合，需要坚守办学立场，稳稳把握特色和质量，才是较为成熟的表现。这才是高职院校面临各种短期利益诱惑时，自身准确定位的原则。在市场经济体制中，一个成熟的高职院校，既要看准外部的市场环境，也要明确认清自己的内在环境，做到使外部环境分析、内部环境分析相结合，而不是市场上流行什么，高职院校就生产什么，盲目跟风、随波逐流。

高职院校作为社会整个结构中培养精英人才的公共性组织，决定了其不能完全听命于市场。高职院校的发展，虽然离不开市场经济这个大环境，但是高职院校毕竟是继承、传递、生产、创新知识的地方，是培养人才的机构。高职院校面临市场的短期需求时，必须依据自身的优势和特色，与短期利益诱惑进行衡量，使自己充分认识到知识的发展以及传播规律。在高职教育自身传播、生产、创新知识等"职能坚守"的同时兼顾市场的需求，做好两者之间的关系平衡、利益平衡，不能盲目地用长期的办学质量下降作为代价去换取短期的经济效益。高职教育要做好的就是"尊重市场规律"的同时"尊重知识规律"办学，做好两者的均衡，这种办学态度才更加有利于国家和社会长远的发展，也才是对人才的培养真正地担负起责任。

高职院校根据社会的发展水平以及市场的需求做到与经济发展很好地匹配，需要做出准确的发展定位，做好行业自律。高职院校在自身发展过程中，需要持续提升自己的核心竞争力，不断形成、延续自己的办学特色。

三、促进高职教育与区域经济协同变异

高职教育与区域经济协同变异主要包括技术变异、人才变异、文化变异等，促进吉林省高职教育与区域经济协同变异，也主要通过促进技术变异、人才变异、文化变异等方式实现。

（一）促进技术变异

明确吉林省科研产出的现状，通过分析吉林省科研产出现状存在的问题，有针对性地寻找促进吉林省技术变异的措施。

1. 吉林省的研发产出

吉林省是中国创新能力比较落后的省份，2012 年吉林省的创新能力在全国排第 20 位，处于中下游水平，在东北地区排在最后。2012 年，吉林省专利申请数 4520 件，其中发明专利 2658 件；专利授权数 1522 件，其中发明专利 1021 件；有效发明专利 6680 件。按照数据来源划分，2012 年吉林省源于科技部的研发产出中，专利申请数 763 件，其中发明专利 718 件；专利授权数 506 件，其中发明专利 465 件；有效发明专利 2278 件。源于工信部的研发产出中，专利申请数 13 件，其中发明专利 9 件；专利授权数 9

件，其中发明专利 6 件；有效发明专利 13 件。源于教育部的研发产出中，专利申请数 1459 件，其中发明专利 990 件；专利授权数 1007 件，其中发明专利 550 件；有效发明专利 1588 件。源于统计局的研发产出中，专利申请数 2285 件，其中发明专利 941 件；有效发明专利 2801 件（见表 7-4）。2012 年吉林省研发产出的数据来源表明，统计局、教育部、科技部是 2012 年吉林省研发产出的主要信息来源。

表 7-4 2012 年吉林省研发产出的数据来源

来　源	专利申请数（件）		专利授权数（件）		有效发明专利数（件）
	申请总数（件）	发明专利（件）	授权总数（件）	发明专利（件）	
总计	4520	2658	1522	1021	6680
1.科技部	763	718	506	465	2278
科研机构	727	702	492	461	2182
非工业企业	21	12	9	3	94
事业单位	15	4	5	1	2
部分转制院校及园区企业	—	—	—	—	—
园区事业单位					
2.工信部	13	9	9	6	13
3.教育部	1459	990	1007	550	1588
理工农医院校	1455	988	1005	548	1588
人文社科院校	4	2	2	2	—
4.统计局	2285	941	—	—	2801
工业企业	2195	898			2779
大中型	1675	652			2395
规模以上小型	520	246			384
规模以上微型	—	—	—	—	—
其他					
统计部门非工业企业	45	18	—	—	
统计部门事业单位	45	25	—	—	

　　按照执行部门划分，2012 年吉林省由企业执行的研发产出中，专利申

请数 2261 件，其中发明专利 928 件；专利授权数 9 件，其中发明专利 3 件；有效发明专利 2895 件。由科研机构执行的研发产出中，专利申请数 740 件，其中发明专利 711 件；专利授权数 501 件，其中发明专利 467 件；有效发明专利 2195 件。由高等院校执行的研发产出中，专利申请数 1459 件，其中发明专利 990 件；专利授权数 1007 件，其中发明专利 550 件；有效发明专利 1588 件。2012 年吉林省研发产出的执行部门表明，企业、高校、科研机构是 2012 年吉林省研发产出的主要执行主体。

按照行业划分，2012 年吉林省源于农、林、牧、渔业的研发产出中，专利申请数 1 件；源于采矿业的研发产出中，专利申请数 32 件，其中发明专利 9 件；有效发明专利 2 件。源于制造业的研发产出中，专利申请数 2099 件，其中发明专利 871 件；有效发明专利数 2751 件。源于电力、燃气及水的生产和供应业的研发产出中，专利申请数 64 件，其中发明专利 18 件；有效发明专利 26 件。源于建筑业的研发产出中，专利申请数 26 件，其中发明专利 7 件；有效发明专利 15 件。源于信息传输、计算机服务和软件业的研发产出中，专利申请数 17 件，其中发明专利 11 件；有效发明专利 7 件。源于科学研究、技术服务和地质勘查业的研发产出中，专利申请数 776 件，其中发明专利 727 件；专利授权数 515 件，其中发明专利 471 件；有效发明专利 2291 件。源于教育的研发产出中，专利申请数 1459 件，其中发明专利 990 件；授权专利数 1007 件，其中发明专利 550 件；有效发明专利 1588 件（见表 7-5）。2012 年吉林省研发产出的行业划分表明，制造业、教育是 2012 年吉林省研发产出的主要来源。

按照地区划分，2012 年吉林省源于长春的研发产出中，专利申请数 3359 件，其中发明专利 2071 件；专利授权数 1361 件，其中发明专利 965 件；有效发明专利 5624 件。源于吉林的研发产出中，专利申请数 481 件，其中发明专利 226 件；专利授权数 111 件，其中发明专利 43 件；有效发明专利 532 件。源于四平的研发产出中，专利申请数 84 件，其中发明专利 28 件；有效发明专利 86 件。源于辽源的研发产出中，专利申请数 69 件，其中发明专利 30 件；有效发明专利 60 件。源于通化的研发产出中，专利申请数 240 件，其中发明专利 151 件；专利授权数 4 件，其中发明专利 4 件；有效发明专利 196 件。源于白山的研发产出中，专利申请数 59 件，其中发明专利 56 件；有效发明专利 37 件。源于松原的研发产出中，专利申

表 7-5 2012 年吉林省研发产出的行业来源

行业	专利申请数(件)		专利授权数(件)		有效发明专利数(件)
	申请总数(件)	发明专利(件)	授权总数(件)	发明专利(件)	
农、林、牧、渔业	1	—	—	—	—
采矿业	32	9	—	—	2
制造业	2099	871	—	—	2751
电力、燃气及水的生产和供应业	64	18	—	—	26
建筑业	26	7	—	—	15
信息传输、计算机服务和软件业	17	11	—	—	7
租赁和商务服务业	1	—	—	—	—
科学研究、技术服务和地质勘查业	776	727	515	471	2291
教育	1459	990	1007	550	1588
卫生、社会保障和社会福利业	45	25	—	—	—

请数 86 件, 其中发明专利 46 件; 有效发明专利 27 件; 源于白城的研发产出中, 专利申请数 16 件, 其中发明专利 4 件; 专利授权数 2 件, 其中发明专利 2 件; 有效发明专利 18 件。源于延边的研发产出中, 专利申请数 126 件, 其中发明专利 46 件; 专利授权数 44 件, 其中发明专利 7 件; 有效发明专利 100 件(见表 7-6)。2012 年吉林省研发产出的地区划分表明, 长春、吉林、通化、延边是 2012 年吉林省研发产出的主要来源。

2. 吉林省工业企业技术获取和改造

2012 年吉林省工业企业共发生技术获取和改造 637660 万元, 其中引进国外技术经费支出 22335 万元, 占技术获取和改造总支出的 3.5%; 引进技术的消化吸收经费支出 7123 万元, 占技术获取和改造总支出的 1.12%; 购买国内技术经费支出 9441 万元, 占技术获取和改造总支出的 1.48%; 技术改造经费支出 598761 万元, 占技术获取和改造总支出的 93.90%。

表7-6　2012年吉林省研发产出的地区来源

地　区	专利申请数(件)		专利授权数(件)		有效发明专利数(件)
	申请总数(件)	发明专利(件)	授权总数(件)	发明专利(件)	
长春	3359	2071	1361	965	5624
吉林	481	226	111	43	532
四平	84	28	—		86
辽源	69	30	—		60
通化	240	151	4	4	196
白山	59	56	—		37
松原	86	46			27
白城	16	4	2	2	18
延边	126	46	44	7	100

　　按照企业规模划分，2012年吉林省大型企业共发生技术获取和改造支出553767万元，其中引进国外技术经费支出16306万元，占大型企业技术获取和改造总支出的2.94%；引进技术的消化吸收经费支出4494万元，占大型企业技术获取和改造总支出的0.81%；购买国内技术经费支出1506万元，占大型企业技术获取和改造总支出的0.27%；技术改造经费支出531461万元，占大型企业技术获取和改造总支出的95.97%。2012年吉林省中型企业共发生技术获取和改造支出71960万元，其中引进国外技术经费支出5963万元，占中型企业技术获取和改造总支出的8.29%；引进技术的消化吸收经费支出1772万元，占中型企业技术获取和改造总支出的2.46%；购买国内技术经费支出5740万元，占中型企业技术获取和改造总支出的7.98%；技术改造经费支出58485万元，占中型企业技术获取和改造总支出81.27%。2012年吉林省小型企业共发生技术获取和改造支出11932万元，其中引进国外技术经费支出66万元，占小型企业技术获取和改造总支出的0.55%；引进技术的消化吸收经费支出856万元，占小型企业技术获取和改造总支出的7.17%；购买国内技术经费支出2195万元，占小型企业技术获取和改造总支出的18.40%；技术改造经费支出8815万元，占小型企业技术获取和改造总支出的73.88%（见表7-7）。2012年吉林省各种规模工业企业的技术获取和改造情况表明，三种规模工业企业的技术

获取和改造均以技术改造为主。在引进技术的消化吸收经费支出和购买国内技术经费支出方面，大、中、小型企业按照所占比例大小均依次增加，说明小型工业企业是吉林省技术变异的主体。

表7-7 2012年吉林省各规模工业企业技术获取和改造情况

单位：万元

企业规模	引进国外技术经费支出	引进技术的消化吸收经费支出	购买国内技术经费支出	技术改造经费支出	总计
大型企业	16306	4494	1506	531461	553767
中型企业	5963	1772	5740	58485	71960
小型企业	66	856	2195	8815	11932

按照地区划分，2012年长春市工业企业共发生技术获取和改造支出262936万元，其中引进国外技术经费支出16953万元，占长春市工业企业技术获取和改造总支出的6.45%；引进技术的消化吸收经费支出4668万元，占长春市工业企业技术获取和改造总支出的1.78%；购买国内技术经费支出5634万元，占长春市工业企业技术获取和改造总支出的2.14%；技术改造经费支出235681万元，占长春市工业企业技术获取和改造总支出的89.63%。2012年吉林市工业企业共发生技术获取和改造支出70478万元，其中引进国外技术经费支出4497万元，占吉林市工业企业技术获取和改造总支出的6.38%；引进技术的消化吸收经费支出685万元，占吉林市工业企业技术获取和改造总支出的0.97%；购买国内技术经费支出416万元，占吉林市工业企业技术获取和改造总支出的0.59%；技术改造经费支出64880万元，占吉林市工业企业技术获取和改造总支出的92.06%。2012年四平市工业企业共发生技术获取和改造支出484万元，其中引进技术的消化吸收经费支出45万元，占四平市工业企业技术获取和改造总支出的9.30%；购买国内技术经费支出18万元，占四平市工业企业技术获取和改造总支出的3.72%；技术改造经费支出421万元，占四平市工业企业技术获取和改造总支出的86.98%。2012年辽源市工业企业共发生技术获取和改造支出6042万元，其中引进国外技术经费支出800万元，占辽源市工业企业技术获取和改造总支出的13.24%；引进技术的消化吸收经费支出30万元，占辽源市工业企业技术获取和改造总支出的0.50%；购买国内技术

经费支出 7 万元，占辽源市工业企业技术获取和改造总支出的 0.12%；技术改造经费支出 5205 万元，占辽源市工业企业技术获取和改造总支出的 86.15%。2012 年通化市工业企业共发生技术获取和改造支出 258502 万元，其中引进国外技术经费支出 85 万元，占通化市工业企业技术获取和改造总支出的 0.03%；引进技术的消化吸收经费支出 637 万元，占通化市工业企业技术获取和改造总支出的 0.25%；购买国内技术经费支出 261 万元，占通化市工业企业技术获取和改造总支出的 0.10%；技术改造经费支出 257519 万元，占通化市工业企业技术获取和改造总支出的 99.62%。2012 年白山市工业企业共发生技术获取和改造支出 6695 万元，其中购买国内技术经费支出 365 万元，占白山市工业企业技术获取和改造总支出的 5.45%；技术改造经费支出 6330 万元，占白山市工业企业技术获取和改造总支出的 94.55%。2012 年松原市工业企业共发生技术获取和改造支出 2385 万元，其中购买国内技术经费支出 2040 万元，占松原市工业企业技术获取和改造总支出的 85.53%；技术改造经费支出 345 万元，占松原市工业企业技术获取和改造总支出的 14.47%（见表 7-8）。2012 年吉林省各地区工业企业的技术获取和改造情况表明，吉林省各地区工业企业的技术获取和改造均以改造为主，引进技术的消化吸收经费支出占比和购买国内技术经费支出占比均较低，说明吉林省工业企业对国内技术变异的驱动力比较弱。

表 7-8　2012 年吉林省各地区工业企业技术获取和改造情况

单位：万元

地　区	引进国外技术经费支出	引进技术的消化吸收经费支出	购买国内技术经费支出	技术改造经费支出	总计
长春市	16953	4668	5634	235681	262936
吉林市	4497	685	416	64880	70478
四平市	—	45	18	421	484
辽源市	800	30	7	5205	6042
通化市	85	637	261	257519	258502
白山市	—		365	6330	6695
松原市	—		2040	345	2385

3. 促进吉林省技术变异的措施

企业是区域技术变异的核心主体，中小企业是区域技术变异的重要执行者。吉林省的研发产出表明，企业和高校是研发产出的最大贡献者。大型企业自主研发技术并实行市场化、商业化，中小型企业缺乏技术研发能力和新技术来源。高职院校的研发产出虽然占比较高，但与中小型企业之间缺乏长期技术交流和合作互动的机制。长春市、吉林市、通化市、延边市是吉林省研发产出的主要来源，但上述地区与其他地区的技术交流与合作活动较少。

为促进吉林省技术变异，就研发主体而言，需要强化吉林电子信息职业技术学院、吉林工业职业技术学院、吉林农业工程职业技术学院、四平职业大学、辽源职业技术学院等高职院校在区域技术创新中的作用，通过高职教育体制改革，提升高职院校的技术创新和技术服务能力。

为促进吉林省技术变异，就企业而言，需要增加对中小企业引进技术消化吸收和购买国内技术投资，通过多元投入，提高企业引进消化吸收经费支出占比和购买国内技术经费支出占比，提高中小企业的技术消化吸收和商业化、产业化能力。完善校企合作机制和合作模式，鼓励企业与高职院校建立长期技术合作交流机制，将高职院校与中小型企业打造成区域集成创新的核心主体。同时，加大大型企业引进国外技术力度，通过自主创新和引进消化吸收再创新，使大型企业成为国内或国际相关行业自主创新的核心主体。

（二）促进人才变异

1. 吉林省人才建设现状

截至 2012 年，吉林省拥有专职高校教师 37022 人，其中高职教师 4183 人，占吉林省高校教师总数的 11.30%。吉林省高职教师中有正高级职称的有 345 人，占吉林省正高级高校教师总数（5428 人）的 6.36%；吉林省高职教师中有副高级职称的有 1364 人，占吉林省副高级高校教师总数（11362 人）的 12%（见表 7-9）。2012 年吉林省高职教师总数占比，以及正高级、副高级职称人数占比表明，吉林省的高等教育以普通高等教育为主，高职教育在高等教育中所占比重较小，高职教师对区域经济发展所起的作用明显小于普通高等学校教师。

2012年吉林省高职毕业生25262人，占吉林省高校毕业生总数（146517人）的17.24%（见表7-9）。吉林省是东北老工业基地，重工业很发达，但高职毕业生在全部高校毕业生中的占比只有17.24%，这说明吉林省大量的工业企业无法从高职院校获取现代工业需要的新型产业工人。现代技术工人的缺乏，成为制约吉林省工业发展的一个重要瓶颈。

表7-9 2012年吉林省高职教育基本情况　　　　　单位：人

项目	本专科毕业生数	本专科招生数	本专科在校学生数	专任教师		
				总数	正高级	副高级
全省高校总计（普通+高职）	146517	166565	578953	37022	5428	11362
吉林交通职业技术学院	2436	2255	6903	346	15	75
吉林电子信息职业技术学院	2996	3010	8166	356	18	83
吉林工业职业技术学院	1937	1995	5689	259	10	87
吉林铁道职业技术学院	2441	2948	8037	255	12	80
吉林农业工程职业技术学院	1703	1683	4850	274	20	88
吉林司法警官职业学院	1049	1121	2991	136	22	33
四平职业大学	1907	1878	5278	228	7	91
辽源职业技术学院	1857	2012	5567	323	17	111
长春职业技术学院	2839	3428	10105	467	10	172
松原职业技术学院	942	1032	3483	366	11	81
白城职业技术学院	870	258	1315	188	4	83
长白山职业技术学院	660	286	1200	258	30	121
延边职业技术学院	—	160	314	257	1	146
长春东方职业学院	588	203	827	109	28	34
长春信息技术职业学院	451	939	1966	112	12	20
吉林科技职业技术学院	—	1963	4157	219	11	56
吉林城市职业技术学院	—	72	72	30	3	3

吉林省的高技能人才严重匮乏。截至2015年，吉林省每年获取国家职业资格证书的人员约有10万人，占全省城镇从业人员总数的39.6%。在全

省技术工人中，初级技工 92.2 万人，占技术工人总数的 46.9%；中级技工 90.3 万人，占技术工人总数的 46%；高级技工、技师、高级技师 13.8 万人，占技术工人总数的 7.1%。吉林省技能人才所占比例与沿海发达省份的 13% 相比，低 5.9 个百分点；与经济发达国家的 30%~40% 相比，更是差距甚远。

2. 吉林省人才建设存在的问题

对高职教育的认识存在误区。受传统观念的影响，政府和社会各界轻视高职教育，认为高职教育是末流高等教育，高职招生是招末流的高中毕业生，高职教师招聘是招末流的教师，低起点的生源和师源使高职教育败在起跑线上。

高职教育建设与发展乏力。目前吉林省的高职教育在校生不到高等教育阶段在校生总数的 1/3，吉林省高职教育的招生规模与国家要求、本地企业需求存在较大差距。高职教师数量太少、整体素质太低，不能满足社会各界对高职教育和培训的多方面需求。"双师型"教师严重短缺，高职教育培养模式落后、僵化，没有办出"职业"特色，在教学中重理论、轻实践，高职院校关起门来办学，高职教育脱离企业实际，工学结合、校企结合的办学模式没有得到深入实施。课程设置没有满足社会经济发展需求，现有各高职院校专业设置同构，现实已经淘汰的专业还存在，一些新兴产业由于缺乏相关专业，出现无人可用现象。专业设置、培养方式落后，导致高职毕业生所学知识落后，参加工作后长期难以发挥价值，严重阻碍了人才变异，限制了吉林省的企业发展和经济发展。

企业家缺乏市场诞生机制。吉林省是东北老工业基地，国有企业所占比重较大，国有企业高管属于国家干部，任命和解聘由政府组织部门执行。在企业高管人员使用中聘任、解聘标准模糊，重行政手段、轻市场手段，重主观标准、轻客观标准。企业家虽有好的创意，但受体制约束无法技术化、显性化，企业家的隐性技术长期无法转化为企业内嵌在产品中的显性技术。严重阻碍了企业家人才的知识变异和人才变异，限制了区域技术创新的进程和区域创新能力的提升。

企业对高职教育投资力度不够。由于受传统体制的限制，吉林省许多企业长期被排除在高职教育体系之外，不但没有参与高职教育建设，没有与高职院校形成长期交流合作的机制，而且对现有技能人才的培养和投入严重不足，致使企业技术工人的知识长期得不到更新，既限制了技工人才变异，也造成企业创新乏力、发展乏力，制约了吉林省各区域经济的发展。

3. 促进吉林省人才变异的措施

重视高职教育。高职教育同普通高等教育一样，是高等教育的重要组成部分，在身份和地位上与普通高等教育同样重要。促进高职教育发展，首先需要在意识上重视高职教育。为此，作为高职教育投资主体的政府主管部门，需要大力宣传《中华人民共和国职业教育法》，通过普法教育唤醒全民对高职教育的重视。完善高职教育结构，使高职教育形成专科、本科、研究生等完整的层次结构。改革招生制度，提高优秀高中毕业生报考高职院校的积极性，使高职毕业生和普通高等学校毕业生享有同等就业机会和深造机会。改革高职教师聘任制度，提高高职教师待遇，使高职教师与普通高等学校教师享有同等身份和待遇。

建立多元办学体制。西方发达国家和我国发达地区的高职教育发展实践表明，发达的高职教育产业需要政府、企业、学校等参与。企业是高职人才和高职科研成果的最大用户，将企业引入高职教育体系，既是高职教育健康发展的需要，也是企业健康发展的需要。吉林省的企业参与高职教育的比例太低，不利于吉林省高职教育的健康发展。政府需要改革高职教育投入制度，鼓励企业参与高职教育建设。

加快实训基地建设。加大高职教育实训基地投资力度，在发展基础较好的高职院校建立高校主导型实训基地，为吉林省的企业职工培训提供良好的基础设施和条件。以典型企业为依托，建立企业主导型实训基地，为高职学生实训提供良好的基础设施和条件。采用政府、企业、高职院校等多元主体共建的方式经营实训基地，提高高职学生和企业职工的实训能力，加速技工人才变异，提升其实践能力和创新能力。

完善校企合作机制。"企业家+技术专家"是目前最普遍的区域创新模式。在技术创新过程中，创新的源头——"创意"经常诞生于企业，因为企业在各种创新主体中最接近市场、最熟悉消费者的需求。由于知识和分工的局限，中小企业家的"创意"无法在本企业完成技术创新，需要与高职院校等机构合作，才能形成内嵌在产品中的技术，完成技术创新和产品创新。吉林省许多地区缺乏持续高效的校企合作机制，这种创新断层将企业家和技术专家分割开来，既影响企业家人才变异，也影响高职教师人才变异，最终影响整个区域技术创新进程，限制吉林省各地区经济的发展。

（三）促进文化变异

在高职教育与区域经济协同发展过程中，高职教育与区域经济协同作用的文化主要体现在高职院校文化、企业文化，以及高职院校与企业文化的融通机制方面。通过分析吉林省高职院校与企业文化现状，找出存在的问题，进而提出促进文化变异的对策。

1. 吉林省高职院校与企业文化现状

吉林省的高职院校文化目前还具有浓郁的计划经济色彩。在现有职业院校中，民办职业院校主要集中在中等职业学校层次。现有民办中等职业学校占吉林省中等职业学校总数的 15.98%，而民办高等职业院校只占全省高等职业院校总数的 5.26%。在投资主体方面，现有高职院校中，只有一家的股权结构是以企业为主。由于吉林省的高职院校在所有制形式上缺乏民间投资主体，在校企合作方面，企业参与太少，所以吉林省的高职教育在办学理念上还存在高职院校封闭办学现象，许多企业被排除在高职教育系统之外。

在制度层方面，近年来吉林省为促进高职教育发展，积极调整专业结构，针对地区、行业经济和社会发展需求调整与设置专业，新增了数控技术、农产品贮藏与加工、室内设计与专修、物业管理、市场营销、电子商务、金融实务、汽车维修等与地方产业结构调整相适应的专业。高职院校正在通过不断完善高职教育制度，促进高职教育发展，并以高职教育推动区域经济发展。同时，通过教学改革探索符合高职教育特点的高职人才培养方法，不断推动高职教育改革。

吉林省是东北老工业基地的重要组成部分，老工业基地的传统体制早已成为吉林省许多企业文化的重要组成部分。在企业价值观、职业道德和企业精神方面，吉林省企业具有良好的历史传统，但面临经济增长压力，在转型过程中存在优柔寡断的现象。近几年，吉林省为振兴东北老工业基地进行过不少制度创新，但经济振兴的效果并不是十分明显，主要原因在于受传统工业基础约束太多。在产业技术工人中约有 73% 的高技能人才分布在机械加工、石油化工、交通运输、建筑材料等行业，新兴产业中的高技能人才占比非常小。

在计划经济条件下，高职院校和企业在政府的领导下各从其事，政府是高职院校与企业之间的唯一协调者。随着高职教育的市场化，高职院校成为市场主体，需要按照市场规律配置各种教学资源和科研资源。企业也是市场主体，也需要根据市场规律配置企业资源。高职院校与企业之间的融通机制逐渐由政府向市场转变。

2. 吉林省高职院校与企业文化存在的问题

高职院校文化缺乏根植性。目前，吉林省有 16 所高职院校，长春、吉林、松原、辽源等地都陆续建立了不同类型的高职院校，但各个职业院校的专业设置特色不明显，不少高职院校在专业设置方面存在同构现象，并没有将当地经济发展需求作为专业设置和调整的根本依据，不少高职院校的文化缺乏根植性。由于高职院校的专业设置与当地企业需求不匹配，培养的高职毕业生存在供非所需的现象，既浪费了人力、物力、财力，也给高职毕业生就业造成了不良影响，高职教育并没有成为促进区域经济发展的力量。

企业文化缺乏个性。吉林省的老工业企业多是大型企业，长期由政府统一管理，管理模式基本一样。随着吉林省老工业基地的转型，大批中小型企业面临前所未有的发展机遇，中小型企业由于从事行业和发展历程不同，各有自己的特色，其根据自身特色打造企业文化，才能形成符合自身特点的企业文化，才能将本企业的核心价值观、职业道德和企业精神凝聚在一起，成为企业的灵魂。缺乏个性的企业文化只是一种摆设，根本无法发挥企业文化对企业发展的作用。吉林省的企业文化建设存在重形式轻内涵的现象，不少企业缺乏凝聚力和向心力，现有企业文化阻碍企业的进一步发展。

融通机制缺乏连续性。目前，吉林省高职院校与企业之间的合作多是基于事件的一次性合作，高职院校与企业之间的合作缺乏连续性。之所以如此，根本原因在于双方之间的合作机制、合作模式缺乏持久性。在产业资本循环过程中，高职院校与企业在资本循环的不同环节存在互补现象，基于项目互相参股的治理模式是把双方利益统一起来的根本办法，但目前这种合作模式在吉林省尚没有普遍形成。高职毕业生、技术服务、员工培训是高职院校与企业合作的重要纽带，也是高职院校与企业之间重要的融通机制，但这几种机制并没有很好地发挥纽带作用。

3. 促进吉林省高职院校与企业文化变异的措施

高职院校结合地区特点精准定位文化特色。吉林省所属的长春、吉林、四平、辽源、通化、白山、松原、白城、延边等地区各有特点，产业结构、资源基础都不同，对高职人才需求的类型和层次也不同，结合各地区域文化特点，总结自身优质资源，精准定位高职院校文化，将学校的科研特色和人才特色凝聚起来，形成高职院校对外交流的名片。例如，吉林交通职业技术学院立足北疆，培养寒冷环境交通行业高素质技能人才，学院设有寒冷环境交通人才培训中心和寒冷环境交通数据技术中心，与冻土条件下道路与桥梁建设国家重点实验室建立了科学研究和人才培养关系。吉林电子信息职业技术学院坚持"四元"发展战略，走差异化发展道路，重点建设六大优势专业群，形成了以机电、IT 相关专业群为龙头，以冶金矿业专业群为特色，以建工、财经、旅游与文化传播为支撑的专业布局总体框架。

企业结合自身特点打造个性文化。吉林省是东北老工业基地，老工业企业在文化传统、技术基础等方面具有优势，抓住国家振兴东北老工业基地的历史机遇，根据市场变化准确定位企业的核心价值观、职业道德、企业精神，形成新时期凝聚企业人心的灵魂。新兴企业历史负担小、机动灵活、市场反应快，结合创业者成长经历和企业发展历史，提炼具有个性化特点的新兴企业文化。企业具备了个性特点，才便于用户选择和合作伙伴选择，才能在市场竞争中凸显自己的身份。

以人才、技术为纽带构建长效融通机制。高职院校和企业在产业资本循环中存在互补和共生关系，抓住双方之间的纽带强化这种共生关系，建立长期合作机制，既是高职院校和企业促进自身发展的需要，也是繁荣区域经济的迫切需要。高职毕业生是高职院校与企业之间的纽带，毕业前在高职院校，毕业后去企业工作，充分发挥高职毕业生的纽带作用，可以促进高职教育与企业之间的交流与合作，促进双方的人才变异和文化变异。技术是高职院校的科研产出，同时又是许多中小型企业的生产投入，建立高职院校与企业之间的长效技术融通机制，不但能够促进高职院校与企业的技术变异，而且能够促进高职院校与企业的文化变异，为促进区域经济发展打好文化基础。

四、实现高职教育与区域经济协同增长

（一）实现高职教育增长

1. 增长指标

首先确定吉林省高职教育的投入和产出指标。高职教育投入资源的种类繁多，且各种资源的投入标准不一。考虑到投入资源和产出之间的相关性，同时兼顾数据的可获得性，将高职教育投入分为人力和财力两个方面。其中，人力包括专任教师和高校其他教职工，主要考察业务教师和辅助功能教师在促进高职教育产出方面的合理性；财力是高职教育经费支出，主要包括个人部分和共用部分，涉及基本工资、补助工资、福利费、社会保障费、奖贷助学金、公务费、业务费、社会购置费、修缮费、业务招待费等，主要考察高职经费支出的合理性。产出指标在综合考虑高职教育培养人才、科学研究以及服务社会的三大职能基础上，为了保证数据的可获得性和连续性，选取高职院校毕业生数与公开发表的论文数为主要产出指标。

2. 增长数据

通过对 2000～2012 年的《吉林省统计年鉴》进行分析，将 1999～2011 年吉林省高职教育投入和产出的数据整理成表 7-10。通过表 7-10 可以看出，自高考扩招至 2011 年，无论是教育投入指标还是产出指标均有大幅度提升。其中专任教师数增加了 20400 人，教职工数增加了 2700 人，高职教育经费支出增加了 1525410.6 万元，论文数是 1999 年的 7.8 倍，高职毕业生数是 1999 年的 4.7 倍。这些数据反映出吉林省的高职教育在稳步发展。对吉林省高职教育属于粗放式发展还是内涵式发展，需要对高职教育投入和产出资源进行详细的分析，并对历年的发展方式进行纵向比较分析。

表7-10 1999~2011 年吉林省高职教育资源投入和产出数据

年份	专任教师数（人）	教职工数（人）	高职教育经费支出(万元)	论文数（篇）	高职毕业生人数(万人)
1999	15200	23100	114242.0	38924	3.03
2000	17500	24300	142667.3	41895	3.05
2001	18200	24700	172741.8	49817	3.48
2002	20000	24500	208426.3	62592	3.78
2003	21800	25200	247464.5	80563	5.26
2004	25000	24900	296090.3	95632	6.5
2005	28100	26600	580922.8	152825	8.4
2006	29900	26800	634105.3	171748	10.25
2007	31700	26800	836188.2	196629	10.87
2008	32500	26500	959604.9	240086	11.79
2009	33200	26300	1126850.4	253982	12.74
2010	34000	25800	1243379.3	320354	13.6
2011	35600	25800	1639652.6	303246	14.16

3. 增长效率

利用 DEAP2.1 软件，对吉林省的高职教育投入、产出数据进行分析，得到的结果如表 7-11 所示。以 1999 年为基期，其 Malmquist 指数为 1，从表 7-11 可以看出，其后 12 年吉林省高职教育的 Malmquist 指数分别为 0.908、1.050、1.068、1.211、1.114、0.993、1.117、0.960、1.080、0.990、1.115、0.865。说明在 2000 年、2005 年、2007 年、2009 年和 2011 年 Malmquist 指数均有一定幅度的下降，其中 2011 年的 Malmquist 指数下降的幅度最大，下降了 13.5%。这些年份的 Malmquist 指数下降的原因均在于技术效率的退步，并导致资源配置效率的下降。其余年份的 Malmquist 指数均表现出上升的态势，尤其是 2003 年，上升了 21.11%。技术效率的提升是促使 Malmquist 指数上升的主要原因，而规模效率和纯技术效率始终保持不变。从整体上看，1999~2011 年，吉林省高职教育的 Malmquist 指数的均值为 1.035，意味着这段时期内，吉林省高职教育的效率是上升的，上升了 3.5 个百分点。

表 7-11　1999~2011 年吉林省高职教育 Malmquist 指数

年份	技术效率（EC）	技术进步（TC）	纯技术效率指数（PEC）	规模效率（SEC）	Malmquist 指数
1999~2000	1	0.908	1	1	0.908
2000~2001	1	1.050	1	1	1.05
2001~2002	1	1.068	1	1	1.068
2002~2003	1	1.211	1	1	1.211
2003~2004	1	1.114	1	1	1.114
2004~2005	1	0.993	1	1	0.993
2005~2006	1	1.117	1	1	1.117
2006~2007	1	0.960	1	1	0.96
2007~2008	1	1.080	1	1	1.08
2008~2009	1	0.990	1	1	0.99
2009~2010	1	1.115	1	1	1.115
2010~2011	1	0.865	1	1	0.865
均值	1	1.035	1	1	1.035

通过对吉林省高职教育投入和产出指标的设定，并利用 DEA - Malmquist 指数分解的方法测度了吉林省高职教育 1999~2011 年的效率变化。从分析结果来看，吉林省的高职教育效率在 1999~2011 年，整体表现出提高的态势，个别年份的效率值表现出一定的波动，技术效率的提高是促进吉林省高职教育提高的主要因素。

（二）实现区域经济增长

利用历年《中国统计年鉴》的统计数据，汇总得到全国和吉林省历年 GDP 实际增长率（见表 7-12）。从表 7-12 中可以看出，2001~2012 年吉林省平均 GDP 实际增长率高出全国平均水平，2001~2012 年吉林省 GDP 年均实际增长率最高达到 12.8%，高出全国年均实际增长率 2.5%。

表 7-12 全国和吉林省历年 GDP 实际增长率 单位：%

年份	全国	吉林
2001	8.07	9.30
2002	9.54	9.50
2003	10.47	10.20
2004	10.47	12.20
2005	10.85	12.10
2006	13.28	15.00
2007	14.68	16.10
2008	10.05	16.00
2009	8.38	13.60
2010	10.33	13.80
2011	8.93	13.80
2012	8.52	11.97
均值	10.30	12.80

（三）实现高职教育与区域经济协同增长

1. 高职教育综合指数增长率

教育投入量的年均增长率在核算上具有难度，较为普遍的做法是利用教育综合指数的年均增长率作为替代变量来代替教育投入量的年均增长率。人均教育综合指数的计算公式：

$$W = \sum L_i S_i \tag{7-1}$$

式中：L_i 为劳动简化率。劳动者受教育程度与其年均收入呈正相关关系，受教育程度越高，其年均收入也越高，劳动简化率也越高。参考李天洪（2001）的标准，计算起点是人均受小学教育年限，将小学文化程度的劳动简化率定为 1，初中、高中和中专、大专以上文化程度的劳动简化率分别定为 1.2、1.4 和 2.0。这样，利用劳动简化率可以计算人均受教育综合指数如表 7-13 所示。计算结果显示，2001 年吉林省人均受教育综合指数高于全国平均水平，达到 10.033 年，高出全国平均水平约 1 年。2012 年吉林省人均受教育综合指数则低于全国水平。

表 7-13　2001 年和 2012 年人均教育综合指数对比

年份	全国(年)	吉林(年)
2001	8.999	10.033
2012	11.112	10.949

　　采用几何平均法，可以得到教育综合指数的年均增长率 E。为了考察高职教育占教育综合指数年均增长率的比重 E_h，提出 E_h 的计算公式如下：

$$E_h = \frac{E - E_1}{E} \qquad\qquad (7-2)$$

式中：E_1 为除去高职教育后，教育综合指数的年均增长率。2001~2012 年教育综合指数年均增长率 E 和高职教育占教育综合指数年均增长率的比重 E_h 如表 7-14 所示。表 7-14 中还给出了人均受高职教育年数年均增长率。2001~2012 年吉林省高职教育综合指数年均增长率和人均受高职教育年数年均增长率均低于全国水平。2001~2012 年吉林省高职教育占教育综合指数年均增长率的比重高于全国水平，达到 54.18%。

表 7-14　2001~2012 年教育综合指数年均增长率指标对比　　单位：%

指标	全国	吉林
教育综合指数年均增长率 E	1.94	0.80
人均受高等教育年数年均增长率	4.35	3.26
高职教育占教育综合指数年均增长率的比重 E_h	25.04	54.18

2. 高职教育对区域经济贡献率

　　利用上面计算结果和式(7-2)，即通过高职教育占教育综合指数年均增长率的比重，可以得到高职教育对经济增长的贡献率：

$$R_{eh} = R_e \times E_h \qquad\qquad (7-3)$$

　　通过计算结果可以看出，2001~2012 年全国高职教育对经济增长的平均贡献率为 3.44%，吉林省高职教育对经济增长的贡献率为 2.46%，远低于全国平均水平，这与东北老工业基地不无关系，作为老工业基地，经济增长方式主要还是通过投入大量的设备和基础设施建设来拉动经济，而非依靠技术创新和提高劳动者素质来加快经济发展的。

 本章小结

　　以吉林省为例解释高职教育与区域经济协同发展的进化机制。吉林省高职教育与区域经济协同发展的进化机制从提取基因开始，经过优化选择、促进变异、实现增长等几个阶段，完成一个循环。吉林省高职教育与区域经济发展的基因提取从确定高职教育发展指数和区域经济发展指数开始，找出高职教育与区域经济协同度较好的阶段，从该阶段提取高职教育与区域经济协同发展的基因。吉林省优化高职教育与区域经济协同选择，主要通过优化区域经济结构、提高高职教育水平、提升高职院校创新能力得以实现。吉林省促进高职教育与区域经济协同变异，主要从技术变异、人才变异、文化变异三个方面努力。吉林省实现高职教育与区域经济协同增长，主要通过高职教育增长、区域经济增长、双方长效合作完成。

第八章
结论与展望

一、本书结论

通过文献研究设计问卷,在吉林省、江苏省、河南省、陕西省选取样本进行调研,运用结构方程、生存分析、神经网络、潜质成长曲线、生产函数等方法对调研数据进行处理,以吉林省为例对研究结论进行实证分析。研究结果表明,高职教育与区域经济协同发展的进化机制是决定高职教育与区域经济协同发展方向和发展结果的重要规则,该规则从提取高职教育与区域经济协同发展基因开始,经过优化选择、促进变异、实现增长等几个阶段对高职教育与区域经济的协同发展发生作用。在高职教育与区域经济协同发展过程中,通过优化进化机制促进高职教育与区域经济协同发展,需要在区域文化、企业领导、企业文化、院校领导等方面优先采取措施。

基因机制是高职教育与区域经济协同发展的基础规则。高职教育与区域经济协同发展基因是从高职教育基因和区域经济基因中提取出来的,高职教育基因和区域经济基因同时决定着高职教育与区域经济的协同发展。高职教育与区域经济协同发展基因由两个链和四个碱基组成。其中,分别来自高职院校和企业的高职教师及企业家组成高职教育与区域经济协同发展基因的两个链,对高职教育与区域经济协同发展的方向和结果起着关键作用;分别来自高职院校和区域经济的技术、资本、技术员工、文化组成高职教育与区域经济协同发展基因的四个碱基，对高职教育与区域经济协同发展的方向和结果起着重要作用。高职教师、企业家、技术、资本、技术员工、文化等要素之间的不同组合形成不同的高职教育与区域经济发展基因，从而产生不同的高职教育与区域经济协同发展结果。

选择机制是高职教育与区域经济协同发展的择偶规则。高职教育与区域经济协同发展的选择机制主要表现在微观层次的高职院校与企业之间的相互选择机制。在高职教育与区域经济协同发展过程中，高职院校与企业是两类互补主体，两者在资本循环过程中存在互补性。高职院校选择企业合作伙伴主要依据企业员工、技术需求、合作模式、合作深度、企业高管、发展方式、企业区位、研发投入、产品结构、企业产值、市场需求等标准进行选择；企业选择高职院校合作伙伴主要依据专业设置、培养方式、合作机制、科研成果、服务方式、师资结构、高校区位、高职毕业生、科研投入、评价方式、教学内容等标准进行选择。

变异机制是高职教育与区域经济协同发展的创新规则。在高职教育与区域经济协同发展过程中，高职教育与区域经济协同发展基因的变异主要表现在技术变异、人才变异、文化变异等方面。技术变异的形式主要有高职院校的显性技术变异和企业的隐性技术变异，技术变异的结果形成原始创新、集成创新和引进消化吸收再创新等自主创新。人才变异主要体现在高职院校的显性人才变异和企业的隐性人才变异方面。文化变异主要体现在高职院校文化变异、企业文化变异、高职院校与企业的融通机制方面。

增长机制是高职教育与区域经济协同发展的目的和规则。高职院校与区域经济之间通过提取基因、优化选择、促进变异，最终实现高职教育与区域经济协同增长。高职院校与区域经济协同增长是在高职院校的科研成果增长、人才增长，以及企业产值增长的基础上实现的。评价方式、师资结构、服务方式、科研投入是影响高职院校科研成果生产的重要变量，师资结构、专业设置、培养方式是影响高职院校人才生产的重要变量，企业高管、研发投入、企业员工是影响企业生产的重要变量，实现高职教育与区域经济协同增长，需要高职院校和企业在有关重要变量上同时采取措施。

优化高职教育与区域经济协同发展的进化机制，主要通过提取高职教育与区域经济协同发展基因、优化高职教育与区域经济协同选择、促进高职教育与区域经济协同变异、实现高职教育与区域经济协同增长等过程实现。在高职教育与区域经济协同发展过程中，高职院校、企业、区域政府是最关键的三类主体，政府主要通过提供科学的政策优化高职教育与区域经济协同发展的进化机制，高职院校主要通过提供优质的人才和技术促进高职教育与区域经济协同发展的进化机制，企业主要通过提供优质的产品或服务促进高职教育与区域经济协同发展的进化机制。高职院校、企业、区域政府在促进高职教育与区域经济协同发展的同一目标下，各有分工，相互依赖，共同发展。

二、研究展望

进化机制是影响高职教育与区域经济协同发展过程的一个重要动态规则，目前国内外对这一动态规则所做的研究相对较少，主要原因在于现有官方统计资料中关于高职教育的资料很少，要揭开高职教育与区域经济协同发展的进化机制"黑箱"，需要进行大量的实际调研，通过获取一手资料进行深入研究。本书致力于高职教育与区域经济协同发展的进化机制探索，力图通过对一手资料的分析，揭示高职教育与区域经济协同进化的规律。虽然通过五次调研，从四个省获取样本，通过对调研数据进行深入分析，最终得出了研究结论，但整个研究还存在不足之处，主要表现在：

第一，在样本获取方面，本书共进行过五次调研，从中国 31 个省份中的吉林省、江苏省、河南省、陕西省四个省份选取样本。根据研究内容的需要，确定调研问卷发放数量。在调研高职教育与区域经济协同发展的进化机制模型时，向四个省份有关样本发放问卷 1500 份；在调研高职教育与区域经济协同发展的基因机制时，向四个省份有关样本发放问卷 2000 份；在调研高职教育与区域经济协同发展的选择机制时，向四个省份有关样本发放问卷 600 份；在调研高职教育与区域经济协同发展的变异机制时，向四个省份有关样本发放问卷 1200 份；在调研高职教育与区域经济协同发展的增长机制时，向四个省份有关样本发放问卷 2000 份。虽然所选样本来自中国东部、中部、西部地区，基本可以代表中国大陆有关人员对高职教育与区域经济协同发展的进化机制的观点，但没有从中国香港、澳门、台湾和中国之外的其他国家选取样本进行调查。所以，所选取的样本具有一定的局限性。

　　第二，在实证分析方面，本书选取吉林省作为实证分析对象。由于吉林省是中国的老工业基地，高职教育和区域经济发展水平同国内发达省市相比，相对较为落后。同时，现有披露数据受到统计指标的限制，官方统计年鉴中对高职教育有关数据的归集和披露内容很少。所以，在对吉林省的高职教育与区域经济协同发展的进化机制进行实证分析时，存在许多数据无法获取的现象，实证分析的指标只是前面理论研究指标中的部分内容。本书选取吉林省作为实证分析对象，重在应用本书的理论研究成果，由于吉林省现有高职教育统计数据的局限，可能对实证效果产生一定的影响。

　　第三，在数据获取方面，现有各种统计年鉴关于高职教育与区域经济发展的数据均为反映高职教育与区域经济发展的某一时点的静态数据。揭示高职教育与区域经济协同发展的进化机制规律，需要高职教育与区域经济协同发展的动态数据，现有官方披露的高职教育与区域及经济协同发展的数据无法满足本书的需要。基于此，本书所用的数据大部分源于实地调研获取的一手数据。一手数据虽然便于满足研究口径的需要，但由于选取样本存在的局限性，难免使调研数据带有一定的主观性特点。

　　之所以存在以上研究不足，主要是因为高职教育与区域经济协同发展的进化机制研究是一项前瞻性很强的研究，所需要的参考资料有限。另外，时间、经费、科研能力也是其重要原因。高职教育与区域经济协同发展的进化机制研究是一项具有很大研究价值的项目，本书只是刚开始进行探索，随着研究的深入一定会得到改善。

附　录

附表 1　测量高职教育对区域经济作用的量表

测量问题	评　分 （在栏内打√）				
	非常 不同意 （1分）	不同意 （2分）	一般 （3分）	同意 （4分）	非常 同意 （5分）
1.高职教育专业设置影响区域经济发展					
2.高职教育人才培养方式影响区域经济发展					
3.高职院校与企业合作机制影响区域经济发展					
4.高职教育发展水平影响区域经济发展					
5.高职教育技术服务影响区域经济发展					
6.高职院校师资结构影响区域经济发展					
7.高职院校布局影响区域经济发展					
8.高职院校人力资本投入影响区域经济发展					
9.高职院校人力资本产出评价方式影响区域经济发展					
10.高职教育科研投入影响区域经济发展					
11.高职教育评价方式影响区域经济发展					
12.高职教育教学内容影响区域经济发展					
13.高职教育继续教育影响区域经济发展					

谢谢您对本次调研的支持！

附表2 测量区域经济对高职教育作用的量表

测量问题	评 分（在栏内打√）				
	非常不同意（1分）	不同意（2分）	一般（3分）	同意（4分）	非常同意（5分）
1. 区域产业结构影响高职教育专业结构					
2. 区域科技投入影响高职教育发展速度					
3. 区域科技产出影响高职教育科研发展					
4. 区域高职经费投入方式影响高职教育发展					
5. 区域政府对高职教育的管理模式影响高职教育发展					
6. 区域企业与高职院校的合作模式影响高职教育发展					
7. 区域经济增长总量影响高职教育发展规模					
8. 区域就业结构影响高职教育的专业结构					
9. 区域企业与高职院校的合作深度影响高职教育发展					
10. 区域技术结构影响高职教育科研结构					
11. 区域经济发展水平影响高职教育的层次结构和发展速度					
12. 区域经济发展变化影响高职教育变革					
13. 区域经济发展方向影响高职教育发展方向					

谢谢您对本次调研的支持！

附表 3 测量高职教育基因影响协同发展基因的量表

测量问题	评 分（在栏内打√）				
	非常不同意（1分）	不同意（2分）	一般（3分）	同意（4分）	非常同意（5分）
1. 高等教育专业设置影响高职教育与区域经济协同发展基因					
2. 高等教育培养方式影响高职教育与区域经济协同发展基因					
3. 高职院校与企业合作机制影响高职教育与区域经济协同发展基因					
4. 高职教育发展水平影响高职教育与区域经济协同发展基因					
5. 高职教育技术服务影响高职教育与区域经济协同发展基因					
6. 高职院校师资结构影响高职教育与区域经济协同发展基因					
7. 高职院校布局影响高职教育与区域经济协同发展基因					
8. 高职院校人力资本投入影响高职教育与区域经济协同发展基因					
9. 高职院校人力资本产出影响高职教育与区域经济协同发展基因					
10. 高职教育科研投入影响高职教育与区域经济协同发展基因					
11. 高职教育评价方式影响高职教育与区域经济发展基因					
12. 高职教育教学内容影响高职教育与区域经济协同发展基因					
13. 高职教育继续教育影响高职教育与区域经济协同发展基因					

谢谢您对本次调研的支持！

附表 4　测量高职教育与区域经济协同发展基因的量表

测量问题	评　分 （在栏内打√）				
	非常 不同意 （1分）	不同意 （2分）	一般 （3分）	同意 （4分）	非常 同意 （5分）
1. 技术工人影响高职教育与区域经济协同发展					
2. 技术影响高职教育与区域经济协同发展					
3. 信息影响高职教育与区域经济协同发展					
4. 资本影响高职教育与区域经济协同发展					
5. 伦理道德影响高职教育与区域经济协同发展					
6. 战略目标影响高职教育与区域经济协同发展					
7. 管理方式影响高职教育与区域经济协同发展					
8. 企业家影响高职教育与区域经济协同发展					
9. 技术专家影响高职教育与区域经济协同发展					
10. 高职教育制度影响高职教育与区域经济协同发展					
11. 区域经济制度影响高职教育与区域经济协同发展					
12. 区域文化影响高职教育与区域经济协同发展					
13. 区域企业文化影响高职教育与区域经济协同发展					

谢谢您对本次调研的支持！

附表5　测量区域经济对高职教育作用的量表

测量问题	评　分 （在栏内打√）				
	非常 不同意 （1分）	不同意 （2分）	一般 （3分）	同意 （4分）	非常 同意 （5分）
1. 区域产业结构影响高职教育专业结构					
2. 区域科技投入影响高职教育发展速度					
3. 区域科技产出影响高职教育科研发展					
4. 区域高职经费投入方式影响高职教育发展					
5. 区域政府对高职教育的管理模式影响高职教育发展					
6. 区域企业与高职院校的合作模式影响高职教育发展					
7. 区域经济增长总量影响高职教育发展规模					
8. 区域就业结构影响高职教育的专业结构					
9. 区域企业与高职院校的合作深度影响高职教育发展					
10. 区域技术结构影响高职教育科研结构					
11. 区域经济发展水平影响高职教育的层次结构和发展速度					
12. 区域经济发展变化影响高职教育变革					
13. 区域经济发展方向影响高职教育发展方向					

谢谢您对本次调研的支持！

附表6　测量搜选机制对高职教育与区域经济协同发展的量表

测量问题	评　分（在栏内打√）				
	非常不同意（1分）	不同意（2分）	一般（3分）	同意（4分）	非常同意（5分）
1. 资源供给影响高职院校与区域企业的相互搜选					
2. 资源需求影响高职院校与区域企业的相互搜选					
3. 市场环境影响高职院校与区域企业的相互搜选					
4. 区位布局影响高职院校与区域企业的相互搜选					
5. 高职院校领导风格影响高职院校与区域企业的相互搜选					
6. 区域企业领导风格影响高职院校与区域企业的相互搜选					
7. 沟通渠道影响高职院校与区域企业的相互搜选					
8. 中介服务影响高职院校与区域企业的相互搜选					
9. 产学研联盟结构影响高职院校与区域企业的相互搜选					
10. 员工素质影响高职院校与区域企业的相互搜选					
11. 合作绩效影响高职院校与区域企业的相互搜选					
12. 利益分配影响高职院校与区域企业的相互搜选					
13. 合作风险影响高职院校与区域企业的相互搜选					
14. 政策环境影响高职院校与区域企业的相互搜选					
15. 开放程度影响高职院校与区域企业的相互搜选					

谢谢您对本次调研的支持！

附表 7　测量变异机制对高职教育与区域经济协同发展的量表

测量问题	评　分（在栏内打√）				
	非常不同意（1分）	不同意（2分）	一般（3分）	同意（4分）	非常同意（5分）
1. 高职院校与企业考核协同有利于高职教育与区域经济协同发展					
2. 高职院校与企业价值协同有利于高职教育与区域经济协同发展					
3. 高职院校与企业利益协同有利于高职教育与区域经济协同发展					
4. 高职院校与企业资源协同有利于高职教育与区域经济协同发展					
5. 高职院校与企业文化协同有利于高职教育与区域经济协同发展					
6. 高职院校与企业知识协同有利于高职教育与区域经济协同发展					
7. 高职院校与企业特色协同有利于高职教育与区域经济协同发展					
8. 高职院校科研团队与企业营销、研发、生产团队协同有利于高职教育与区域经济协同发展					
9. 高职院校与企业科研平台协同有利于高职教育与区域经济协同发展					
10. 高职院校科研设施与企业生产、实验设施协同有利于高职教育与区域经济协同发展					
11. 高职院校与企业制度协同有利于高职教育与区域经济协同发展					
12. 高职院校与企业环境协同有利于高职教育与区域经济协同发展					
13. 高职院校实训基地与企业车间协同有利于高职教育与区域经济协同发展					

谢谢您对本次调研的支持！

附表8　测量增长机制对高职教育与区域经济协同发展的量表

测量问题	评　分（在栏内打√）				
	非常不同意（1分）	不同意（2分）	一般（3分）	同意（4分）	非常同意（5分）
1. 高职院校人力资本投入机制影响高职教育与区域经济协同发展					
2. 高职院校人力资本积累机制影响高职教育与区域经济协同发展					
3. 高职院校人力资本产出评价机制影响高职教育与区域经济协同发展					
4. 高职院校经费投入机制影响高职教育与区域经济协同发展					
5. 高职教育科研投入机制影响高职教育与区域经济协同发展					
6. 高职教育科研产出评价机制影响高职教育与区域经济协同发展					
7. 区域经济增长总量影响高职教育与区域经济协同发展					
8. 区域产业结构影响高职教育与区域经济协同发展					
9. 区域科技投入机制影响高职教育与区域经济协同发展					
10. 区域科技产出评价机制影响高职教育与区域经济协同发展					

谢谢您对本次调研的支持！

参考文献

[1] Abdul Jalil, Muhammad Idrees. Modeling the impact of education on the economic growth: Evidence from aggregated and disaggregated time series data of Pakistan[J]. Economic Modelling, 2013(31):383-388.

[2] Amparo Castelló-Climent, Ana Hidalgo-Cabrillana. The role of educational quality and quantity in the process of economic development[J]. Economics of Education Review, 2012(31):391-409.

[3] Andrew Henderson, Ithai Stern. Selection-Based Learning: The Coevolution of Internal and External Selection in High-Velocity Environments[J]. Administrative Science Quarterly, 2004,49(1):39-75.

[4] Anoop Madhok, Kun Liu. A coevolutionary theory of the multinational firm[J].Journal of International Management, 2006,12(1):1-21.

[5] Arunk umar N, Karun amoorthy L, Anand S, et al. Linear approach for solving a piecewise linear vendor selection problem of quantity discounts using lexicographic method [J]. International Journal of Advanced Manufacturing Technology, 2006,28(11):1254-1260.

[6] Baartman L, Ruijs L. Comparing Students'Perceived and Actual Competence in Higher Vocational Education[J]. Assessment & Evaluation in Higher Education, 2011,36(4):385-396.

[7] Bailey, T. Learning to Work: Employer Involvement in School-to-Work Transition Program[M].Washington D.C: The Brookings Institution.Press,1995.

[8] Barro R J. Government Spending in a Simple Model of Endogenous Growth[J]. Journal of Political Economy, 1990,98(5):103-125.

[9] Baskin K. Corporate DNA: Organizational Learning, Corporate

Co-evolution[J]. Emergence, 2000(1):34-49.

[10] Baum, J. A. C. and Singh, J. V. Organizational Niche and the Dynamics of Organizational Mortality [J]. American Journal of Sociology, 1994(100):346-380.

[11] Becker Gary S, Kevin Mmurphy. The Division of Labor, Coordination Costs, and Knowledge[J]. Quarterly Journal of Economics, 1992(107): 1137-1160.

[12] Cedefop. Belgium VET in Europe-Country Report 2011[M]. Luxembourg: Publications Office of the European Union, 2012:10-11, 21-23, 53-54.

[13] Cedefop. Trends in VET policy in Europe 2010 – 2012.Progress Towards the Bruges Communiqué[M]. Luxembourg: Publications Office of the European Union, 2013: 27-30.

[14] Chan F T S. Interactive Selection Model for Supplier Selection Process: an Analytical Hierarchy Process Approach[J]. International Journal of Product ion Research, 2003,41(15):3549-3579.

[15] Collins, Emerald R. Examination of contributing factors for successful postsecondary transitions to institutions of higher education for youth with high-incidence disabilities[D]. Denton: University of North Texas, 2013.

[16] Crouch C, Finegold D, Sako M. Are Skills the Answer? The Political Economy of Skill Creation in Adanced Industrial Countries[M]. New York: Oxford University Press, 1999.

[17] Darbinian N, Gallia G L, King J, et al. Growth inhibition of glioblastoma cells by human PURα[J]. J Cell Physiol, 2001(189): 334-40.

[18] Doloswala K N, Thompson D, Toner P. Digital Based Media Design: the Innovative Contribution of Design Graduates from Vocational and Higher Education Sectors[J]. International Journal of Technology and Design Education, 2013, 23(2): 409-423.

[19] Domar Evsey D. Capital Expansion, Rate of Growth, and Employment[J]. Econometrica, 1946,14(2):137-147.

[20] Dries Berings, Stef Adriaenssens. The Role of Business Ethics, Personality, Work Values and Gender in Vocational Interests from Adolescents[J]. J Bus Ethics, 2011(106): 325-335.

[21] European Centre for the Development of Vocational Training(CEDE-

FOP).On the way to 2020: data for vocational education and training policies (Country statistical overviews: Belgium)[M]. Luxembourg: Publications Office of the European Union, 2014: 9, 18.

[22] Farias M, Sevilla M P. Effectiveness of Vocational High Schools in Students'Access to and Persistence in Postsecondary Vocational Education[J]. Research in Hgher Education, 2015,56(7):693-718.

[23] Fletcher H, Hickey I, Winter P. 遗传学[M]. 张博, 等译. 北京: 科学出版社, 2010.

[24] Francois J. Trade in Producer Services and Returns Due to Specialization Under Monopolistic Competition [J]. Canadian Journal of Economics, 1990(23):109-124.

[25] Funding Council for England.Higher Education in the United Kingdom[R]. London: Northavon, Coldbarbour Lane, Bristol, 2011.

[26] Gavin Moodie.Variations in the rate at which students cross the boundaries between Australian vocational and higher education[J]. The Australian Educational Researcher.2012,39(2):143-158.

[27] Georg, W. Kulturelle Tradition und berufliche Bildung.Zur Problematik des internationalen Vergleichs[A]. In Greinert, W. - D.et al. (Hrsg.). Vierzig Jahre Berufsbildungszusammenarbeitmit Ldndern der dritten welt.

[28] Ghodsypour S H, O'Brien C. The total cost of logistics in supplier selection, under conditions of multiple sourcing, multiple criteria and capacity constraint[J]. International Journal of Production Economics, 2001,73(1):15-27.

[29] Haas S, Gordon J, Khalili K. A developmentally regulated DNA-binding protein from mouse brain stimulates myelin basic protein gene expression[J]. Mol Cell Biol, 1993(13): 3103-3112.

[30] Harrod R F. An Essay in Dynamic Theory[J]. The Economic Journal, 1939(49): 14-33.

[31] Henk W. Volberda, Arie Y. Lewin. Co-evolutionary Dynamics Within and Between Firms: From Evolution to Co-evolution[J].Journal of Management-Studies, 2003(12):2111-2136.

[32] Higher Education and Employment Services. Higher Education: Quality and Diversity in the 1990's[R]. Canberra: Australian Government Publishing

Service, 1991: 6.

[33] Jacobs W N, Grubb. The federal role in vocational-technical education[J]. Community College Research Center Brief.2003.

[34] Jie Xiong. Institutionalization of Higher Vocational Education in China: A Neoinstitutionalist Perspective [J]. Frontiers of Education in China, 2013,8(2):239-251.

[35] J. Wilson, N. Hynes. Co-evolution of firms and strategic alliances - Theory and empirical Evidence [J]. Technological Forecasting &Social Change 2009(76):620-628.

[36] Kalika Navin Doloswala, Darrall Thompson, Phillip Toner. Digital based media design: the innovative contribution of design graduates from vocational and higher education sectors[J]. International Journal of Technology and Design Education, 2013,23(2):409-423.

[37] Karl Gunnar Myrdal. Economic Theory and Underdeveloped Regions[M]. London: Gerald Duckworth & Co. Ltd. 1957.

[38] Kline R B. Principles and Practice of Structural Equation Modeling[M]. Second Edition . New York: Guilford, 2004.

[39] Kreng V B, Wang I C. Supplier Management for Manufacturer—a Case Study of Flexible PCB[J]. International Journal of Advanced Management Technology, 2005(25): 785-792.

[40] K.Renuka Ganegodage, Alicia N. Rambaldi.The impact of education investment on Sri Lankan economic growth[J]. Economics of Education Review, 2011(30):1491-1502.

[41] Lee E K, Ha S, Kim S K. Supplier Selection and Management System Considering Relations in Supply Chain Management[J].IEEE Transactions on Engineering Management, 2001,48(3):307-318.

[42] Leontief Wassil Y. The Structure of the American Economy: 1919-1929[M]. Cambridge, MA: Harvard University Press, 1941.

[43] Liauh, Y H E. A Study of the Perceptions of English Faculty and Students of Exit English Examinations at Taiwan's Technological and Vocational Higher Education Institutions[D]. Montana: University of Montana Educational Leadership, 2011.

［44］Liesbeth Baartman, Lotte Ruijs. Comparing students'perceived and actual competence in higher vocational education［J］. Assessment & Evaluation in Higher Education, 2011,36(4):385-396.

［45］Liu Y B. Major Inputs and Employment of Students in Higher Vocational Colleges-Impacts of Teachers, Curricula and College-Enterprise Collaboration［D］. Shenzhen: The Chinese University of Hong Kong, 2012.

［46］Lovaglio P G, Verzillo S. Heterogeneous Economic Returns to Higher Education: Evidence from Italy［J］. Quality and Quantity, 2016,50(2):791-830.

［47］Lucas Robert E Jr. On the Mechanics of Economic Development［J］. Journal of Monetary Economics, 1988, 22: 3-42.

［48］Ma ZW, Bergemann AD, Johnson EM. Conservation in human and mouse Purαof a motif common to several proteins involved in initiation of DNA replication［J］. Gene, 1994(149): 311-314.

［49］Ma ZW, Pejovic T, Najfeld V, et al. Localization of PURA, the gene encoding the sequence-specific single-stranded-DNA-binding protein Purα, to chromosome band 5q31［J］. Cytogenet Cell Genet, 1995(71): 64-67.

［50］March, J. G. The evolution of evolution［M］.Evolutionary Dynamics of the Organizations. New York USA: Oxford University Press, 1994: 39-49.

［51］Mauricio Farias, Maria Paola Sevilla. Effectiveness of Vocational High Schools in Students'Access to and Persistence in Postsecondary Vocational Education［J］. Research in Hgher Education.2015,56(7):693-718.

［52］McKelvey, B. Quasi-Natural Organization Science［J］.Organization Science, 1997,8(4):352-380.

［53］Meeuwisse Marieke, Severiens Sabine, Born Marise Ph. Born. Reasons for withdrawal from higher vocational education.A comparison of ethnic minority and majority non - completers［J］. Studies in Higher Education, 2010,35(2):93-111.

［54］Moodie G. Variations in the Rate at Which Students Cross the Boundaries Between Australian Vocational and Higher Education［J］. The Australian Educational Researcher, 2012,39(2):143-158.

［55］Muralidharan V, Cort L, Meier E, et al. Molecular characterization and chromosomal localization of mouse Purαgene［J］. J Cell Biochem,

2000(77): 1-5.

[56] Nelson R R, Winter S G. An Evolutionary Theory of Economic Change[M]. Cambridge, MA: Harvard University Press, 1982.

[57] Nonaka, I. The Knowledge Creating Company[J]. Harvard Business Review, 1991(69):96-104.

[58] Olga Suhomlinova. Toward a Model of Organizational Co-Evolution in Transition Economies[J].Journal of ManagementStudies, 2006(12):1537-1558.

[59] Oscar Handlin, Mary F. Handlin, The American College and American Culture[M].NY: McGraw Hill, 1970.

[60] Pettigrew, T. F. Subtle and blatant prejudice in western Europe. European Journal of Social Psychology, 1995,25(1):57-75.

[61] Porter, M. E. Strategy & Society: The Link between Competitive Advantage and Corporate Social Responsibility [J]. Harvard Business Review, 2006(84):78-85.

[62] Prahinski C, Benton W C. Supplier Evaluations: Communication Strategies to Improve Supplier Performance[J]. Journal of Operations Management, 2004, 22: 39-62.

[63] P.G.Lovaglio, S. Verzillo.Heterogeneous economic returns to higher education: evidence from Italy[J]. Quality and Quantity, 2016,50(2):791-830.

[64] Rainer Klump, Harald Preissler. CES Production Functions and Economic Growth[J]. The Scandinavian Journal of Economics. 2000,102(1):41-56.

[65] Raul Prebisch. Commercial Policy in the Underdeveloped Countries[J]. American Economic Review.Vol.XLIX.: 1959(5), 251.

[66] Raykov T, Marcoulides G A. A First Course in Structural Equation Modeling[M]. Second Edition Mahwah, NJ: Lawrence Erlbaum Associates, 2006.

[67] Research Centre of the Flemish Government. Flanders in figures 2013[M]. Department International Vlaanderen, Brussels, 2013: 2-11.

[68] Risti Permani. Education as a Determinant of Economic Growth in East Asia: Historical Trends and Empirical Evidences(1965-2000)[J]. Education and Economic Growth in East Asia, 2008(15):1-38.

[69] Robert M Solow. A Contribution to the Theory of Economic

Growth[J]. The Quarterly Journal of Economics, 1956,70(1):65-94.

[70] Romer P M. Increasing Returns and Long - Run Growth [J]. The Journal of Political Economy, 1986,94(5):1002-1037.

[71] Samigullina G S, Gaisin R I. Integration of System of The Higher Vocation Education and Improvement of Professional Skills of Teachers of Geography[J]. Sovremennye Issledovaniya Sotsial'nykh Problem, 2012,12(4):359-379.

[72] Sergio Rebelo. Long-Run Policy Analysis and Long-Run Growth[J]. The Journal of Political Economy, 1991,99(3):500-521.

[73] Shah N, Sukumar S. The Hox Genes and Their Roles in Oncogenesis[J]. Nature Reviews Cancer, 2010(10):361-371.

[74] Shiromaru I. A fuzzy satisfiing method for electric power plant coal purchase using genetic algorithms[J]. Operational Research, 2000(126): 218-230.

[75] Tichy, N M. Revolutionize Your Company [J]. Fortune, 1993(128): 114-122.

[76] Uzawa Hirofumi. Optimal Growth in a Two-Sector Model of Capital Accumulation[J]. Review of Economic Studies, 1964(31): 1-24.

[77] Vassilev L, Johnson EM. An initiation zone of chromosomal DNA replication located upstream of the $c-myc$ gene in proliferating HeLa cells[J]. Mol Cell Biol, 1990(10): 4899-904.

[78] William P. Barnett. An Evolutionary Model of Organizational Performance[J].Strategic Management Journal, 1994(15):11-28

[79] Wirth, A. Education and Work for the Year 2000[M].San Francisco: Jossey-Bass, 1992: 168.

[80] Xiong J. Institutionalization of Higher Vocational Education in China: A Neoinstitutionalist Perspective [J]. Frontiers of Education in China, 2013,8(2):239-251.

[81] Xiong J. The Emergence of Higher Vocational Education (HVE) in China(1980-2007): Vocationalism, Confucianism, and Neoinstitutionalism[D]. Canada: University of Alberta, 2011.

[82] Yang Xiaokai, J Borland. A Microeconomic Mechanism for Economic Growth[J]. Journal of Political Economy, 1991(99): 460-482.

［83］蔡培瑜．台韩高等职业技术教育发展之比较［J］．集美大学学报，2013,14（1）:49-54.

［84］曹丽曼．协同创新视角下高职院校服务地方产业转型升级探析［J］．教育与职业，2014（7）:4-6.

［85］查吉德．高职教育发展中的矛盾关系：制度变迁的视角［J］．现代教育管理，2013（1）:103-107，109-113.

［86］陈宝华．试析我国高等职业教育发展模式：以深圳为例［J］．煤炭高等教育，2008（1）:116-118.

［87］陈和祥，王亮．香港高等职业教育发展历程与启示［J］．职业教育研究，2013（6）:174-176.

［88］陈君，姜茉然．日本高等职业教育"质与量"均衡发展的制度结构探析［J］．继续教育研究，2015（6）:116-119.

［89］陈益升，李国光，湛学勇．我国国家科技工业园区协调发展现状分析［J］．中国科技产业，2004（10）:34-38.

［90］陈莹．"职业性"：德国职业教育本质特征之研究：兼论职业教育"发展动力"［D］．上海：华东师范大学，2012：23.

［91］陈玉川．剖析三棱锥：寻求区域创新能力形成的立体路径［M］．镇江：江苏大学出版社，2011：140.

［92］戴维·拉伯雷．复杂结构造就的自主成长：美国高等教育崛起的原因［J］．北京大学教育评论，2010（3）:24-38.

［93］刁瑜．比利时高等职业教育政策的发展背景与基本框架［J］．教师教育学报，2014,1（5）:89-94.

［94］杜祥培．地方高职院校服务地方经济发展的探索［J］．教育与职业，2010（27）:22-23.

［95］樊琳．山东省高等职业教育适应区域经济发展的适应性研究［J］．老区建设，2014（10）:55-56.

［96］范如国．复杂网络结构范型下的社会治理协同创新［J］．中国社会科学，2014（4）:98-120.

［97］弗朗索瓦·佩鲁．经济空间：理论与应用［J］．经济学季刊，1950（64）.

［98］高常水，李国桢，潘海生．现代职业教育理念创新与区域经济互动发展［J］．职教通讯，2010（6）:26-30.

[99]葛成飞,杨忠惠.职业院校校企文化融通基因模型构建[J].安徽农业大学学报(社会科学版),2014,23(4):118-122.

[100]葛青松.服务:职业教育的核心价值:江苏省通州职业教育改革发展例谈[J].江苏教育,2009(12):10-13.

[101]龚淼.改革开放以来福建高等职业教育的改革与发展研究[D].福州:福建师范大学,2013.

[102]郭德怀,陈光曙.区域经济发展对高等职业教育发展的影响研究[J].经济研究导刊,2014(15):253-254.

[103]郭德怀.高等职业教育与区域社会经济共生发展研究[J].职教论坛,2014,5(10):27-29.

[104]郭德怀.高等职业教育与区域社会经济共生发展研究[J].职业时空,2014,10(5):27-29.

[105]郭广军,刘兰明.打造"升级版"的中国特色高等职业教育[J].教育与职业,2014(3):5-7.

[106]郭梁.浅析高等职业教育的定位与发展[J].当代职业教育,2015(8):8-10,44.

[107]郭旭红.论高等职业教育在河南区域经济发展中的作用和对策[J].现代企业教育,2014(1):191-193.

[108]何首贤,李秋.高等职业教育与区域经济发展适应性研究[J].高教学刊,2015(20):165-166.

[109]贺俊,黄阳华,沈云昌.校企合作研发的最优制度安排[J].中国工业经济,2011(2):151-160.

[110]赫尔曼·哈肯.协同学:大自然构成的奥秘[M].上海:上海世纪出版集团,2005.

[111]黄诚.中国特色高等职业教育的发展历程研究[J].成都纺织高等专科学校学报,2014,31(2):78-81,88.

[112]黄俊霞,姚本先.高等职业教育服务区域经济发展研究的文献计量学分析[J].武汉商学院学报,2014,28(5):62-66.

[113]黄莹,蓝欣.天津市高等职业教育三十年发展历史考察[J].职教通讯,2015(25):55-60.

[114]霍强,韩博.区域经济发展的动力机制、模式识别及演化规律:基于西部大开发以来12个西部省份数据的分析[J].云南社会科学,

2019(1):102-106.

[115] 吉林省统计局.吉林统计年鉴2012[M].北京:中国统计出版社,2012:62-63.

[116] 贾领军,刘健.2012年吉林省石化行业经济运行分析[J].中国石油和化工经济分析,2013(5):54-55.

[117] 简寒梅.促进区域经济发展的高等职业教育对策研究:以永州市为例[D].南昌:江西农业大学,2012.

[118] 蒋国平,何东,乐周燕.广西县域职业学校发展现状、问题与对策[J].职业技术教育,2010(10):64-67.

[119] 蒋茂东,王群,刘兆怀.高等职业教育发展的回顾与展望[J].浙江交通职业学院学报,2010,11(3):73-75,78.

[120] 卡尔·马克思.资本论(第二卷)[M].中共中央马克思、恩格斯、列宁、斯大林著作编译局,译.北京:人民出版社,1975.

[121] 克拉克·科尔.高等教育不能回避历史:21世纪的问题[M].杭州:浙江教育出版社,2001.

[122] 匡英.比较高等职业教育:发展与变革[M].上海:上海教育出版社,2006:15.

[123] 雷楠南,赵丽娟.从中德高等职业教育差异解析中国高等职业教育发展的瓶颈[J].三门峡职业技术学院学报,2012,11(1):40-44.

[124] 李菲.我国高等职业教育历史沿革及发展动因分析[J].辽宁高职学报,2013,15(10):20-22.

[125] 李惠,花保祯.Hox基因及其进化机制的研究进展[J].动物学杂志,2011,46(1):136-142.

[126] 李建求,卿中全.协同创新与高职教育发展[J].高等工程教育研究,2013(5):118-122.

[127] 李健雄.我国高等职业教育发展对策研究[J].天津职业院校联合学报,2015,17(9):18-24,55.

[128] 李茂能,图解AMOS在学术研究中的应用[M].重庆:重庆大学出版社,2011.

[129] 李梦卿,安培.雇佣环境变化背景下日本高等职业教育发展研究[J].中国高教研究,2015(3):103-107.

[130] 李宁.信息化背景下高等职业教育发展与改革研究[J].辽宁高

职学报, 2022,24(6):39-42.

[131] 李天洪.20 世纪 90 年代我国教育发展对经济增长的贡献研究[J].南京政治学院学报, 2001(6):100-104

[132] 李文英, 刘云.战后日本高等职业教育的发展特点[J].日本问题研究, 2013,27(4):80-83.

[133] 梁阿莉.高等职业教育与地方经济发展的互动研究[J].中国成人教育, 2014(3):90-93.

[134] 梁枫, 吴兆方.瑞士职业教育的成功经验及其启示: 以江苏省高等职业教育发展为例[J].成都理工大学学报(社会科学版), 2013,21(2):118-120.

[135] 廖日坤, 周辉.瑞士区域协同创新模式及其借鉴[J].科技管理研究, 2013(7):7-13.

[136] 林洪.云南高等职业教育与区域经济协调发展研究[J].云南电大学报, 2012(2):30-34.

[137] 林克松, 朱德全.职业教育均衡发展与区域经济协调发展互动的体制机制构建[J].教育研究, 2012(11):102-107.

[138] 刘惠, 苏益南.江苏省区域高等教育与经济发展协调性实证研究[J].大学(研究版), 2014(11):57-63.

[139] 刘晓明, 王金明.浙江省高等职业教育对经济增长贡献率的实证分析[J].中国职业技术教育, 2011(18):36-40.

[140] 刘旭平.高等职业教育专业设置与区域经济协调发展研究[J].教育与职业, 2014(7):12-14.

[141] 刘轶, 郝社鹏.陕西区域经济与职业教育协同发展的思考[J].当代经济, 2015(5):94-95.

[142] 刘悦.国际高等职业教育进程与发展模式比较[J].黑龙江教育学院学报, 2009(7):36-38.

[143] 楼世洲.职业教育与工业化: 近代工业化进程中江浙职业教育考察[M].上海: 学林出版社, 2008:7.

[144] 卢兆梅.高等职业教育与区域经济协调发展研究[J].改革与开放, 2013(4):162-163.

[145] 鲁艳.加拿大高等职业教育发展历程概览[J].职业教育研究, 2015(1):93-96.

［146］罗格纳·纳克斯（Ragnar Nurkse，也译为讷克斯）.不发达国家的资本形成问题（中文版）［M］.北京：商务印书馆，1966.

［147］罗妙心.泰国高等职业教育发展问题研究［J］.南宁：广西民族大学，2014.

［148］罗明誉.美、德、澳高职教育与区域经济互促发展模式研究［J］.现代商贸工业，2012（15）：79-82.

［149］吕连菊，阚大学.高等职业教育对经济增长影响的实证研究［J］.河北科技大学学报（社会科学版），2014，14（1）：9-14.

［150］吕秋颖.企业基因结构方程模型的构建及修正［J］.统计与决策，2013（12）：35-38.

［151］马静，刘辉.德国高等职业教育多层次化发展：探究与启示［J］.职教论坛，2011（12）：89-93.

［152］马仁听.高等职业教育发展定位研究［J］.南方职业教育学刊，2015，5（2）：13-17.

［153］马永坤.协同创新理论模式及区域经济协同机制的建构［J］.华东经济研究，2013（2）：52-55.

［154］摩尔根.基因论［M］.北京：北京大学出版社，2007.

［155］穆静静，张学英.高职教育对天津市经济增长的贡献率研究［J］.职业教育研究，2014（3）：5-8.

［156］南霁航.美国高等职业教育发展及对中国的启示［D］.长春：吉林大学，2015.

［157］倪敏.新时期支撑区域经济发展的高职院校办学结构调整分析［J］.教育与职业，2014（6）：8-11.

［158］彭茂辉.三峡库区高等职业教育专业设置与区域经济发展的关系研究［J］.职教通讯，2013（31）：11-16.

［159］瞿凡.广西高等职业教育与区域基尼发展适应性研究［D］.桂林：广西师范大学，2011.

［160］任聪敏.浙江区域经济与职业教育协同发展研究［J］.职业通讯，2015（19）：56-60.

［161］任军利，冯亚楠，吴宝山.高等职业教育服务区域经济发展研究［J］.合作经济与科技，2014（12）：20-21.

［162］沈雕.我国高等职业教育的发展历程及趋势展望［J］.重庆电子

工程职业学院学报，2013,22(3):4-7.

[163]沈励铭，朱晓卓.高等职业教育服务区域经济发展的路径选择[J].宁波职业技术学院学报，2011(3):12-15.

[164]盛宝柱.高等职业教育与区域经济社会发展联动实践探讨[J].合作经济与科技，2013(9):106-108.

[165]史惠.论现代高等职业教育的发展方向[J].辽宁高职学报，2015,17(4):32-35.

[166]宋李俊，赵虎，周康渠.基于粗糙小波神经网络的客户协同供应商选择过程研究[J].计算机集成制造系统，2014,20(12):3150-3160.

[167]孙杰明.英国高等职业教育发展与变革的历程、特点及趋势[J].唐山职业技术学院学报，2012,10(1):20-23.

[168]田光大.德国高等职业教育的发展与启示[J].职业教育研究，2010(3):155-156.

[169]涂振洲，顾新.基于知识流动的产学研协同创新过程研究[J].科学学研究，2013(9):1381-1389.

[170]王邦权.西北五省高等职业教育对经济增长贡献率的分析[J].清远职业技术学院学报，2015,8(1):69-71.

[171]王邦权，张天祈.高等职业教育发展对经济增长的影响研究：基于中部五省高等职业教育的实证数据[J].兵团教育学院学报，2015,25(1):29-32.

[172]王芳平.陕西高等职业教育与区域经济协调发展研究[D].杨凌：西北农业科技大学，2012.

[173]王宏涛，涂焕应.宁夏高等职业教育与区域经济发展适应性研究[J].吉林省教育学院学报，2012,28(12):128-129.

[174]王进.江西省高等职业教育专业设置与区域经济发展适应性分析[J].南昌工程学院学报，2015,34(4):70-75.

[175]王晶.河北省高等职业教育专业设置与区域经济发展相适应的对策研究[D].石家庄：河北师范大学，2012.

[176]王坤.神经网络的特点及改进方法综述[J].科技广场，2011(7):227-232.

[177]王莉红，王聚贤.中国高等教育版图重构背景下职业院校校企合作问题及发展策略研究[J].高教学刊，2015(12):24-25.

[178] 王倩,刘文华,黄焱,等.天津区域经济与职业教育协同发展研究[J].天津商务职业学院学报,2013(4):33-36.

[179] 王睿,童玲,马睿,等.基于优化神经网络的云计算环境下供应链伙伴选择[J].计算机系统应用,2015,24(1):114-118.

[180] 王陶.我国高等职业教育发展存在的问题及对策研究[J].重庆文理学院学报(自然科学版),2011,30(4):104-106.

[181] 王维国.协调发展的理论与方法研究[M].北京:中国财政出版社,2000.

[182] 王秀丽.时代转型与角色转变:高等职业教育发展变迁的历史社会学分析[J].山西高等学校社会科学学报,2011,23(12):119-124.

[183] 王耀华.高等职业教育与区域产业协同发展研究:以秦皇岛市为例[D].秦皇岛:河北科技师范学院,2012.

[184] 王忠昌.现代职业教育与区域经济协同发展的逻辑契合[J].广西社会科学,2015(9):213-216.

[185] 韦恩·厄本,杰宁斯·瓦格纳.美国教育:一部历史档案[M].周晟,谢爱磊,译.北京:中国人民大学出版社,2009:267-275.

[186] 吴秋琴.浅析高等职业教育专业结构与区域经济发展的关联[J].长春教育学院学报,2013,29(2):143-144.

[187] 武汉职业技术学院课题组.中部六省高等职业教育现状与发展对策研究[J].职业技术教育,2010,31(28):31-37.

[188] 肖坤.协同创新:高等职业教育发展的二次转型:基于政策分析的视角[J].职教通讯,2013(16):62-65.

[189] 解德道.中日高等职业教育发展之历史对照[J].职教论坛,2011(3):36-38.

[190] 谢峰.1980—2010:中英高等职业教育发展比较[J].江苏高教,2010(4):138-140.

[191] 熊德平.农村金融与农村经济协调发研究[J].北京:社会科学出版社,2009.

[192] 熊祥.发达国家职业教育与经济社会互动发展的概况、经验及启示[J].教育与职业,2013(16):2-4.

[187] 徐国庆.职业教育原理[M].上海:上海教育出版社,2007:89-103.

[193] 徐兴旺, 黄文胜. 论当代中国高等职业教育发展的新趋势[J]. 中国职业技术教育, 2015(32):55-58, 79.

[194] 许晶. 提升吉林省产业集群竞争力研究[J]. 经济纵横, 2013(5):77-80.

[195] 许玲. 我国高等职业教育规模与经济增长关系的实证研究[J]. 高等探索, 2013(5):135-138.

[196] 许先果. 高等职业教育与区域经济的联动发展探究: 以湖南省岳阳市为例[J]. 岳阳职业技术学院学报, 2014,29(3):6-9.

[197] 许彦华. 企业文化基因的理论证成研究[J]. 求实学刊, 2013(3):71-76.

[198] 严平. 日本高等职业教育发展研究[J]. 大学(学术版), 2012(11):59-66.

[199] 颜玉玲. 山东省高等职业教育与区域经济协调发展关系研究[D]. 济南: 山东大学, 2013.

[200] 杨金土, 孟广平, 严雪怡. 论高等职业教育的基本特征[J]. 教育研究, 1999(4):57-62.

[201] 杨娟娟. 高等教育发展与区域经济增长协同度的模型构建与实证研究[J]. 广东石油化工学院学报, 2015,25(4):77-82.

[202] 杨娟娟. 协同理论视阈下高等教育与区域经济协同发展策略研究[J]. 天水师范学院学报, 2014,34(4):118-123.

[203] 杨启光. 教育国际化进程与发展模式[M]. 北京: 社会科学文献出版社, 2011: 115-116.

[204] 杨莹. 美国到校服务区域经济发展的实现途径和保障措施: 以波士顿地区八所高校和加州州立大学为例[D]. 武汉: 武汉工程大学, 2013.

[205] 殷红. 德国高等职业教育发展研究及对我国高职校企合作的启示[D]. 天津: 天津大学, 2012.

[206] 宇靖. 建国六十年高等职业教育发展研究[D]. 长春: 东北师范大学, 2010.

[207] 翟云, 杨炳儒, 王树鹏, 等. 基于协同进化机制的欠采样方法[J]. 北京科技大学学报, 2011,33(12):1550-1557.

[208] 袁媛, 白景永. 东盟国家高等职业教育发展特点及其启示[J].

继续教育研究，2012(3):166-169.

[209]张贵知，刘晓乾.高等职业教育与区域经济发展的相关性研究[J].唐山师范学院学报，2010(6):143-145.

[210]张佳.高等职业教育对区域经济发展贡献的实证分析[J].职业技术教育，2014,35(10):45-50.

[211]张立平.基于制度分析的高等职业教育发展困境与化解[J].中国成人教育，2020(24):32-35.

[212]张向平，柳士彬.我国高职教育研究20年：进展、问题与走向：基于CiteSpace的知识图谱分析[J].河北师范大学学报(教育科学版)，2022,24(6):75-84.

[213]张晓刚.北京区域经济与职业教育协同发展研究[J].职教通讯，2013(2):19-21.

[214]张学文.开放科学视角下的产学研协同创新[J].科学学研究，2013(4):617-622.

[215]张玉明，张会荣.企业成长文化基因模型构建[J].东岳论丛，2013,34(3):175-180.

[216]张玉琴.日本优质高等职业教育发展研究[J].河北师范大学学报(教育科学版)，2014,16(1):29-33.

[217]赵培培.京津一体化背景下养老服务业协同发展研究[D].石家庄：河北大学，2015.

[218]赵振宇，姚佳慧.中国国际工程承包企业协同进化机制研究[J].工程管理学报，2014,28(6):150-154.

[219]仲耀黎.高等职业技术教育要与区域经济协调互动发展[J].宿州教育学院学报，2010,13(2):78-79,88.

[220]周晖.中小企业生命模型及其实证意义[J].经济与管理研究，2010(3):52-56.

[221]周锦年.论当代中国高等职业教育发展的新趋势[J].高教学刊，2021,7(19):193-196.

[222]朱雪梅.高等职业教育发展模式：演进历程与内在逻辑[J].职教论坛，2014(13):46-49.

[223]朱雪梅.美、德、澳三国高等职业教育发展模式比较研究[J].中国职业技术教育，2014(27):63-70.

[224] 朱雪梅，叶小明. 直面生源危机：中国高职院校发展格局与战略[J]. 现代教育管理，2012(8):30-34.

[225] 朱雪梅，张建奇. 中国高等职业教育发展模式的反思与重构[J]. 职业技术教育，2014,35(31):5-9.

[226] 邹筱，张世良. 物流业与制造业协同发展研究综述[J]. 系统工程，2012,30(12):115-121.